PUUR PLANTAARDIG

Abonneer u nu op de Karakter Nieuwsbrief. Ga naar www.karakteruitgevers.nl en:

- ontvang maandelijks informatie over de nieuwste titels;
- blijf op de hoogte van speciale aanbiedingen en kortingsacties;
- én maak kans op fantastische prijzen!

www.karakteruitgevers.nl biedt informatie over al onze boeken, Nova Zembla-luisterboeken en softwareproducten.

# Antoinette Hertsenberg & Jacinta Bokma

# PUUR
# PLANTAARDIG

*Lekker snel, Lekker makkelijk, Lekker gezond*

Karakter Uitgevers B.V.
www.karakteruitgevers.nl

© Antoinette Hertsenberg & Jacinta Bokma
© 2011 Karakter Uitgevers B.V., Uithoorn
Fotografie: Piroschka van de Wouw
Foodstyling: Richard Jacobsen, Art & Cooking
Styling: Annelies Morris
Vormgeving: CO2 Premedia bv

Tweede druk, 2011

ISBN   978 90 452 0192 4
NUR    444/422

Met dank aan:
Imbarro, www.imbarro.nl
Asian Mix, www.asianmix.com
Home Delight, www.homedelight.nl
PTMD, www.ptmd.nl
Aan Tafel met Portazul, www.aantafelmetportazul.nl
Brynxz, www.brynxz.nl
The Go'Round, www.thegoround.nl
Zenza, www.zenza.nl
Kinta, www.kinta.nl
Eyffinger, www.eyffinger.com

# INHOUDS OPGAVE

# VOORWOORD

'Ben je veganist?' was de meest gehoorde reactie als ik mensen vertelde dat ik bezig was met een boek over puur plantaardig eten. Waar ken ik dat ook alweer van? Het lijkt op de reacties die ik twintig jaar geleden kreeg toen ik besloot vegetariër te worden. Het is altijd opmerkelijk om te ervaren hoe een zeer persoonlijke afweging leidt tot vaak heftige reacties bij anderen.

Een tijdje geleden lunchte ik in Gent met Mark Bittman, de schrijver van het geweldige standaard werk *De dikke vegetariër*. Hij maakte duidelijk dat vegetarisch eten in het algemeen bijdraagt aan een gezonder gewicht, een betere gezondheid en een schonere wereld. Tenminste, als het dieet daadwerkelijk minder dierlijke eiwitten bevat. Vervang je het vlees vooral door boter, room en kaas dan minimaliseer je al die positieve effecten.

'Het is als een weegschaal,' zei Mark Bittman, 'met aan de ene kant planten, fruit en plantaardige eiwitten en aan de andere kant dierlijke producten en eiwitten zoals melk, vlees maar ook kaas. Hoe meer je eet van de plantaardige kant, hoe beter het is. Vegetariërs die overschakelen op andere dierlijke eiwitten, blijven aan de verkeerde kant van de weegschaal zitten, in alle opzichten.'

Mark zelf is dan ook geen vegetariër maar een (door hemzelf uitgevonden) vegan-till-18.00: iemand die zo veel mogelijk overschakelt naar een plantaardig dieet zonder zichzelf een verbod op te leggen.

Geen kaas! Dat is voor velen wel even een schrikbeeld. Maar ik realiseerde me dat ik eigenlijk ongemerkt vaak al zonder dierlijke eiwitten en zonder kaas kook. Ik vond het een uitdaging om daar op voort te borduren. Hoe maak je een lekkere, snelle en voedzame maaltijd die ook nog hartig is zonder dierlijke producten? Samen met Jacinta Bokma, hoofdredacteur van www.devegetarier.nl, heb ik me verdiept in de puur plantaardige keuken.

In de praktijk blijkt het inderdaad een uitdaging – je moet een aantal nieuwe producten leren kennen en een aantal handige kneepjes. En op de een of andere manier luistert het volgen van een recept nauwer dan bij niet 100% plantaardig koken. Maar de resultaten kunnen zeer verrassend zijn, liggen zelden zwaar op de maag, en zorgen voor plezierige afwisseling.

Ik hoop dat *Puur Plantaardig* een gids kan zijn voor iedereen die wil kiezen voor een plantaardiger menu. Ook dit keer hebben we geprobeerd om rekening te houden met gezinnen, zodat als je zes uur 's avonds thuis komt, je om halfzeven een warme maaltijd klaar kunt hebben die ook nog eens gewaardeerd wordt door alle gezinsleden. Maar ook in het hobby-koken voorzien we (ik ben zelf specialist plantaardige sushi aan het worden – met doorslaand succes). Daarbij hebben we ervoor gezorgd dat de recepten nooit te moeilijk zijn, en er genoeg ruimte is voor veel eigen variaties.

Eet smakelijk!

*Antoinette Hertsenberg*

# INLEIDING

## Scène 1

Iedereen die op professioneel sociaal netwerk LinkedIn zit kent 'm: de balk rechts in je profiel met namen van mensen die je zou moeten kennen.

Er popt een naam op in de balk: Antoinette Hertsenberg. Wat leuk, ik zal haar eens een mail sturen om haar te complimenteren met *Vegeterranean*, het koffietafel-dikke kookboek van het beste vegetarische restaurant ter wereld dat zij naar Nederland heeft gehaald. Ik krijg direct een mailtje terug: ik zou wel eens perfect in een van haar nieuw projecten kunnen passen.

Een week later zitten we aan haar keukentafel. Dus ze eet ook geen garnalen? 'Néé, niets met oogjes,' lacht ze. Hoe kan ik zoiets stoms zeggen; het zijn vast de zenuwen…

Twee weken later ligt er al een concept. Het idee: 's werelds grootste online receptendiscussieforum voor vegetarisch eten, met meer dan tweeduizend recepten.

## Scène 2

September 2010. Antoinette en ik hebben het over onze uitpuilende kasten met kookboeken. De één nog mooier dan de ander, maar praktisch, ho maar. Met je wekelijkse studenteneetclub wil je toch snel en lekker kunnen koken? Als je vrienden in het weekend komen eten wil je ook niet altijd vier uur in de keuken staan. En we zijn het over nog iets roerend met elkaar eens: we hebben een enorme behoefte aan écht puur, écht eerlijk, écht eten, aan gezond genieten.

Het idee: een 100% plantaardig kookboek. Zijn wij gek geworden? Kun je dan een lekkere pasta serveren zónder verse Parmezaanse kaaskrullen, een cake zónder eieren, verrukkelijke chocoladebrownies zónder wagonladingen roomboter? Já, dat kan. Dus geen ingewikkelde ingrediënten en lange bereidingstijden. Check. Gemakkelijk en origineel. Check. De keukengeheimen van twee slimme moeders. Check. Heel veel complete hoofdgerechten. Check. Altijd eten met een goed geweten. Check.

## Scène 3

'Zeg schat, zie je nou niks aan mij?' Robert, mijn lief, wrijft over zijn buik. Een tamelijk verwonderde blik in de spiegel. Ik lach inwendig: jaha, dat viel mij na drie weken al op, de kilo's vliegen er bij hem af. En zeiden die moeder op het schoolplein en die ene vriendin het

ook al niet: 'Wat zie jij er goed uit, ben je afgevallen?'
Tussen die drie weken en dit schrijven ligt een half jaar.
Eén ding weet ik nu. Mannen hebben een snellere
verbranding.

### Scène 4

Juni 2011. De jaarlijkse Haringparty van de uitgeverij.
Alle auteurs, vormgevers en andere kookboek-experts
zijn aanwezig. Ex-*Elle Eten*-collega en fotograaf
Piroschka vertelt over de fotoshoot voor *Puur
plantaardig*. Drie dagen buffelen was dat geweest.
Richard, onze fotokok (bekend adviseur van Mijn Tent
is Top), had vijfentwintig gerechten getoverd uit zijn
megafornuis. Dat betekende: zes pannen tegelijk op
het vuur en drie in de oven. Ik hoor hem nog bellen:
'We hebben al veel met tomaten. Kan ik die niet
weglaten? Met die artisjokken en verse dille is het
precies goed.' Maakt niet uit, we gaan voor mooist, we
gaan voor het beste. Topstilist Annelies had werkelijk
álle bloemenstofjes, liefste bordjes en mooiste kleurige
kleden bij elkaar gezocht.
'Ik heb alles geproefd tijdens de shoot,' zegt
Piroschka. Stilte… En dan houd ik het niet meer.
'En, en, én?' smeek ik.
'Ik vond het allemaal héérlijk!' zegt ze oprecht. Ze
beseft het niet, maar dit is het moment. Mijn vijfde kind
is geboren.

### Scène 5

'Heb jij… víér kinderen?' En dan, steevast: 'Maar hoe
dóé jij dat dan?'
In mijn geval:
1: Je moet ZZP-er zijn (zelfstandige zonder personeel).
2: Je moet er enige lol in hebben zeker vier keer
per week tot één uur 's nachts te werken en in het
weekend tussen de bedrijven door weer achter de
computer te kruipen.

3: Je moet accepteren dat je er een lichte Twitterverslaving aan over houdt, want geen snellere manier om in slechts enkele woorden jouw doelgroep geestig, informatief en doeltreffend te bedienen.

Met een drukke baan en een gezin is het wel zo fijn als een aantal dingen gestroomlijnd kan gaan. Zoals het avondeten. En dan liefst lekker snel, lekker makkelijk, en vooral: lekker gezond.

## Scène 6

'Mama, is dit een dood dier?' Mijn zesjarige dochter Bloeme vist met haar vork naar het verdwaalde spekje in de pasta en zwaait 'm vervolgens voor m'n neus. 'Hebben ze een goed leven gehad? En ze zijn héél oud geworden, toch?' Kledder, daar krijg ik een van mijn oude non-argumenten om de oren gegooid. En dan, zonder het antwoord af te wachten: 'Mama, wij eten geen dieren hè.'
Eh.. nee, niet meer. Hoewel, op feestjes en etentjes bij vrienden wel. En op de site staat nog steeds dat ik 'flexitariër' ben (4 x in de week geen vlees of vis). Momenteel ben ik een 'flexi-vegan': we eten gemiddeld alle dagen minus één dag puur plantaardig (die andere is gewoon zonder vlees). Maar we zijn niet roomser dan de Paus: in de cappuccino zit opgeklopte koeienmelk en er gaat nog af en toe kaas op brood. Liefst met een vette lik mayo. Die ik nu weer wel easy zelf (puur plantaardig) kan maken (zie blz. 77 en 109!). Maar na een half jaar zes keer per week een nieuw hoofdgerecht te moeten beoordelen, hebben de kinderen en manlief het wel gehad. Niet met het eten.

Nee, het zijn die eeuwig terugkerende vragen van mij: 'Weet je wat dat groene was, nou, raad eens? Zeekraal, gewoon bij de Appie! Dus je vindt het écht lekker? Net zo als die hemelse modder van laatst? Oh, dat vond je meer een bonbonnetje dan een mousse? Even erbij zetten. Moet het niet nog wat zoeter, zouter, romiger, gladder. Géén room?' Maar voor nu kunnen mijn gezinsleden opgelucht ademhalen. Het boek is voltooid, ze zijn proefpersoon af. Ze kunnen eindelijk ongestoord genieten van al die gerechten die in dit boek zijn gekomen en waarvan ze, ik mag mijn man citeren, toch wel heel erg van zijn gaan houden.

Lieve lezer, ik hoop dat je ieder recept gaat uitproberen.
Doordeweeks voor je huisgenoten, maar vooral ook voor vrienden. En zeg lekker niets. Laat ze en passant erachter komen – en zich verbazen – dat er geen vlees, vis, kaas, melk en eieren worden gebruikt. Eet lekker en geniet samen!*

*Jacinta Bokma*

juni 2011

---

\*   en... zet je commentaar vooral op onze site, op Twitter of Facebook :-)

*Hoofdstuk 1*

# ONTBIJT- EN LUNCHGERECHTEN

# Wentelteefjes

Wentelteefjes en keukenstroop, dat is een heerlijk ouderwets duo. Ga je wel eens naar Amerika of Canada? Dan neem je vast altijd *maple sirup* mee. Perfect op pannenkoekjes, maar ook op onze oer-Hollandse wentelteefjes. In Nederland heet het gewoon ahornsiroop en je koopt het bij de natuurvoedingswinkel. Niet goedkoop, maar dan heb je ook wat.

Voor 5-6 personen
Bereidingstijd: 15 minuten

125 ml sojaroom
125 ml sojamelk met vanillesmaak
1 eetl. maïzena
3 eetl. bloem
3 eetl. koekkruiden of kaneel
10 plakjes wit brood (liefst van de vorige dag)
zonnebloemolie en margarine
suiker, (karamel)stroop of ahornsiroop

Klop met de garde in een brede kom de room, de melk, de maïzena, de bloem en de koekkruiden of de kaneel door elkaar. Verhit een scheutje olie en een klontje margarine in de koekenpan, haal steeds een plakje brood door het beslag en bak ze per drie of vier aan beide zijden goudbruin.
Strooi over elk wentelteefje een schepje suiker, of serveer met stroop of ahornsiroop.

# Snelle ochtendsmoothie

Onze favoriet! Als je moeite hebt met opstarten, is dit het ideale drinkontbijt dat je meteen energie geeft.

Voor 3 personen
Bereidingstijd: 3 minuten

2 bananen
6 ontpitte dadels (liefst medjool-kwaliteit) of een flinke hand pitloze druiven
3-4 eetl. gebroken lijnzaad
3 glazen rijst-, amandel- of sojamelk

Pureer alles in de blender en drink meteen op.

## Nutty variatie

Noten zijn zeer voedzaam en een belangrijk bestanddeel in het dieet van *raw foodies*. Week de avond ervoor blanke amandelen of cashewnoten. Gooi het weekwater weg en pureer ongeveer 4 eetlepels mee (6 eetlepels als je geen lijnzaad gebruikt).

Op de foto zie je ook nog een mangosmoothie en een aardbeien-basilicumsap. Kijk voor de recepten op pag. 119. **Tip:** Maak ook eens de Ananas Delight en Abrikozen Notenflip van pagina 104; laat alleen de alcohol weg.

# Dippen & smeren

## Armeluiskaviaar

Oké, de aubergine moet er even voor in de oven, maar verder is het een kwestie van pureren en smeren. Bijvoorbeeld als dip bij warme pitabroodjes. Armeluiskaviaar is van oorsprong Russisch, de Midden-Oosterse variant heet baba ganoush. Zonder de sesampasta en de komijn is hij Russisch, dus kijk wat je al in huis hebt. Een makkelijke vervanger voor de tahin is een scheutje sesamolie.

Bereidingstijd: 5 minuten (+ 45 minuten oventijd)

1 grote of 2 kleinere aubergines
1 citroen
1 teentje knoflook
1 eetl. tahin (sesampasta, natuurvoedingswinkel)
    of sesamolie
½ theel. gemalen komijn
2 eetl. olijfolie
(kruiden)zout en 4-seizoenenpeper uit de molen
2 eetl. peterselie
granaatappelpitjes (optioneel, voor een feestje)

Verwarm de oven voor op 200 °C.

Prik met een vork aan alle kanten gaatjes in de aubergine, leg hem in een braadslede en laat hem 40-45 minuten garen in de op 200 °C voorverwarmde oven. Laat even afkoelen, ontvel de aubergine en prak hem met een vork (er mogen stukjes in blijven). Pers de helft van de citroen erbij, knijp het teentje knoflook erboven uit en meng samen met de andere ingrediënten (behalve de peterselie). Proef of je het overige citroensap bij moet voegen.

Serveren: strijk de dip uit over een platte schaal. Bestrooi met gehakte peterselie en (eventueel) granaatappelpitjes en giet er nog wat olijfolie over.

Feestelijk puur plantaardig broodbeleg maak je in een handomdraai zelf. Maak in het weekend een voorraadje en je smult er de hele week van. Onderstaande dips en smeersels zijn ook ideaal voor bij de borrel.

Kijk ook bij het recept zwarte bonenhummus (pag. 107). Lekker op de boterham met een pluk alfalfa of als borrelhapje in blaadjes rode radicchio met een zwarte olijf.

# Creamy kruidendip

Een heerlijk romig smeersel voor op je brood. Doe er wat plakjes avocado bij en blaadjes sla of rucola en je hebt een feestelijke sandwich. Als je de creamy kruidendip bij het ontbijt of de brunch wilt serveren, gebruik dan de helft van de knoflook.

Bereidingstijd: 3 minuten (+ weektijd ten minste 2 uur)

100 gr cashewnoten (rauw, een paar uur geweekt)
1 teentje knoflook
2 eetl. olijfolie
50 gr tofoe
flinke handvol gemengde verse kruiden
   (bijv. peterselie, tijm en basilicum)
1 eetl. citroen- of limoensap
(kruiden)zout

Haal de cashewnoten uit het weekvocht en doe ze in de keukenmachine of een hoge kom. Knijp de knoflook erboven uit, voeg de rest van de ingrediënten toe en draai tot een romige dip.

# Peterseliepesto

Bereidingstijd: 3 minuten

150 gr peterselie
40 gr zonnebloempitten
60 gr pijnboompitten
(kruiden)zout
1 teentje knoflook uit de knijper
100 ml extra vergine olijfolie
1 theel. citroensap of azijn (bijv. sherry- of witte
   balsamicoazijn)

Pureer alle ingrediënten kort in de keukenmachine of met de staafmixer. Er mogen nog stukjes in blijven zitten.

# Happy 'haantjes' roeromelet

Zo simpel en zo lekker: een ideaal ontbijt dat prettig vult. Dit is de feestelijke brunchversie, maar geserveerd op brood, alleen geroerd met de ui en de kurkuma is hij ook heerlijk. Kurkuma is een krachtig antioxidant en geeft dit recept precies de warme gele gloed die je wilt.

Voor 4-6 personen
Bereidingstijd: 10-15 minuten

1 blok tofoe
1 eetl. kurkuma
1 ui
3 eetl. zonnebloemolie (of pittiger: 2 eetl. zonnebloemolie en 1 eetl. gekruide wokolie)
8 cherrytomaatjes
zout (liefst kruiden- of ayurvedisch zout)
peper uit de molen (liefst 4-seizoenenmix)
150 gr verse spinazieblaadjes of veldsla
1 avocado
1 limoen
9-11 takjes verse koriander of peterselie

Knijp met je handen het water zo veel mogelijk uit de tofoe en verkruimel deze boven een kom. Roer de kurkuma erdoor. Snipper de ui en fruit hem in een koekenpan of wok op zacht vuur 3-4 minuten in de olie. Voeg de tofoe toe als de ui glazig wordt. Roerbak op hoog vuur nog 2 minuten. Snijd de tomaatjes in vieren en in partjes en roer ze door de tofoe. Breng het tofoemengsel op smaak met zout en peper. Doe een deksel op de pan en houd de tofoe warm door de pan op een warmhoudplaatje te zetten.

Leg op elk bordje een hoopje spinazie of veldsla en spreid de blaadjes een beetje uit. Schil de avocado, snijd hem doormidden, verwijder de pit en snijd het vruchtvlees in kleine dobbelsteentjes. Snijd de limoen doormidden en besprenkel de avocado met een paar druppels limoensap. Snijd de rest van de limoen in dunne plakjes. Hak 3-5 takjes koriander heel fijn en schep ze luchtig door de avocado.

Schep in het midden van elk bord een flinke lepel van het tofoemengsel. Leg wat blokjes avocado erop en maak af met een takje koriander. Steek een plakje limoen er rechtop in en serveer meteen.

# Ontbijtmuffins

Muffins-zonder-schuldgevoel! Een ideaal recept voor slechte ontbijters, maar ze doen het ook goed in de lunchtrommel of als tussendoortje. Wil je het wat pittiger, meng dan door het beslag 2 eetlepels verse geraspte gember.

Voor 12-14 muffins
Bereidingstijd: 25 minuten + 25-30 minuten oventijd

100 ml amandel- of sojamelk
2 theel. witte balsamico- of appelazijn
2 handjes rozijnen
200 gr volkoren- of speltmeel (of een combinatie)
zout
5 theel. koekkruiden
1 theel. (wijnsteenzuur) bakpoeder
1 grote wortel
1 appel
100 ml rijststroop
4 eetl. zonnebloemolie

Verwarm de oven voor op 190 °C.

Giet de sojamelk en de azijn in een mengbeker en laat even staan. Doe de rozijnen in een steelpannetje en giet er kokend water op, zodat de rozijnen net onder water staan en houd het water tegen de kook aan.

Roer in een kom het meel, een snufje zout, de koekkruiden en de bakpoeder door elkaar. Rasp de wortel boven de kom. Schil de appel en rasp die ook boven de kom. Doe de stroop en de zonnebloemolie erbij en roer tot een beslag. Giet de rozijnen af en roer ze door het beslag.

Zet de papieren bakjes in de muffinvormpjes of gebruik siliconen muffinvormpjes (ideaal, want die hoef je niet in te vetten). Schep in elk bakje 2 lepels beslag. Bak de muffins in het midden van de voorverwarmde oven in 25-30 minuten gaar.

---

Wil je het nog wat gezonder maken (goed voor je darmflora en je hart), voeg dan 30 gram gemalen lijnzaad toe aan het beslag. Ook ideaal als je wilt afvallen, want lijnzaad geeft snel een verzadigd gevoel. Kies voor bruin lijnzaad (die smaakt het lekkerst) en maal het pas vlak voor gebruik in een vijzel of in een koffiemolen.

---

## Gezond & lekker

Een goed alternatief voor suiker is appelstroop, agavesiroop, oerzoet of sucanat (ongeraffineerde bietensuiker). De laatste drie zijn te koop in de natuurvoedingswinkel.

---

Tuinbezitters en ouders van kinderen met een schooltuin kennen dit luxeprobleem: wat doe je met al die overgebleven courgettes? Deze spannende zoete muffins maken natuurlijk! Simpel: doe iets minder sojamelk door het beslag: 80 milliliter is voldoende. Prak 1 banaan door het beslag en rasp 1 niet te grote courgette erboven. Meng goed en houd verder het recept aan.

*Hoofdstuk 2*

# VOORGERECHTEN

# Soepen

## Rode bieten-wortelsoep

Venkelzaad en een mini-mespuntje kaneel in combinatie met vers basilicum zijn het geheim van dit soepje. De eerste twee kruiden geven diepte aan deze soep, het verse kruid frisheid. Oranje linzen zijn gezond en een perfecte manier om je soepjes te binden. Maar als je die niet hebt, is aardappel ook prima.

Voor 4-6 personen
Bereidingstijd: 15 minuten + 15 minuten stooftijd

1 eetl. venkelzaad
1 eetl. korianderzaad
mini-mespuntje kaneel
1 eetl. Italiaanse gedroogde kruiden
2 uien
3 eetl. olijfolie en 2 eetl. margarine
5 bieten (rauwe, niet gekookte!)
4 winterwortels
2 blokjes bouillon (1x groentebouillon,
   1x paddenstoelenbouillon)
handje oranje linzen of 1 niet te grote aardappel
75-100 ml sojaroom
grote bos vers basilicum

Doe de venkel, de koriander, de kaneel en de Italiaanse kruiden in een vijzel en stamp ze fijn. Pel en snipper de ui. Verhit de olijfolie en de margarine, voeg de gevijzelde kruiden en de uien toe en zet het vuur laag. Schil de bieten en snijd ze in blokken, snijd de wortels in stukken en voeg ze bij de uien. Laat onder af en toe roeren met het deksel op de pan zeker 4 minuten smoren.

Zet 1 liter water op (waterkoker of fluitketel). Schil de aardappel en snijd deze in blokjes (als je linzen hebt is dit niet nodig). Voeg het water, de bouillonblokjes en de aardappel of de linzen bij het groentemengsel. Laat met het deksel op de pan 10-15 minuten zachtjes pruttelen.

Haal de pan van het vuur, voeg de room en het basilicum toe en pureer de soep met de staafmixer of in de keukenmachine en serveer meteen.

De truc van een lekkere romige groentesoep is eigenlijk heel simpel: zorg dat je áltijd begint met het fruiten van ui en kruiden in ruim olie. Voeg daarna de groenten toe en laat alles nog even sudderen zodat de groenten en kruiden hun smaken aan de olie kunnen geven. Doe de groente- of kruidenbouillon erbij, een aardappeltje of een handje oranje linzen en op het laatst sojaroom of voeg een combinatie van bouillon en kokosmelk toe aan de bouillon. Pureer met verse kruiden en serveer meteen.

# Waterkerssoep

Voor 5-6 personen
Bereidingstijd: 10-15 minuten

2 uien
3 eetl. olijfolie
1 grote of 2 kleine aardappels
500 ml groentebouillon
100 ml sojaroom
400 gr waterkers

Pel en snipper de uien. Verhit de olijfolie en laat de ui op zacht vuur 4 minuten smoren.

Zet 1 liter water op (waterkoker of fluitketel). Schil de aardappel en snijd deze in blokjes. Breng de groentebouillon met de blokjes aardappel aan de kook. Laat met het deksel op de pan 10-15 minuten zachtjes prutelen. Haal de pan van het vuur en pureer de soep met de room en de waterkers met de staafmixer of in de keukenmachine en serveer meteen.

## Liever vullend?

Wil je een stevige soep, fruit dan met de ui 2 teentjes knoflook mee en een theelepel komijnpoeder. Halveer de hoeveelheid aardappel en kook 250 gram gekookte witte bonen mee (zelf gekookt of uit een potje, uitgelekt) en pureer de soep.

# Rode gazpacho

Voor 6-8 personen
Bereidingstijd: 15 minuten (+ eventueel koelen)

2 sneetjes oud brood
3 eetl. azijn van goede kwaliteit
6 eetl. koudgeperste olijfolie extra vergine
2 theel. komijnpoeder
1 komkommer
1 paprika
7 tomaten
3 sjalotten
2 teentjes knoflook
500 ml tomatensaus van goede kwaliteit
   (bijv. Grand Italia Erbe)
200 ml water en 1 kruidenbouillonblokje
½ rood pepertje (een kleine)
handje verse peterselie (optioneel)
kruidenzout

Besprenkel het brood met de azijn en de olie, strooi de komijn erover en verpulver het natte brood grof met je vingers boven een grote kom.

Kruis de komkommer twee keer in en snijd hem in blokjes (je hoeft hem niet te schillen). Doe dit ook met de tomaten (je kunt de tomaten ook eerst even in kokend water dompelen, even afspoelen met ijskoud water en ontvellen). Pel en snipper de sjalotten. Voeg alle groenten bij het brood in de kom en knijp de knoflook erboven uit. Voeg de tomatensaus toe.

Verwarm in een steelpannetje een klein scheutje water en los het bouillonblokje erin op. Leng aan tot 200 milliliter met ijskoud water en voeg dit bij de groenten in de kom.

Snijd het pepertje doormidden, verwijder de pitjes en snijd hem heel fijn. Hak de peterselie grof, voeg de peterselie en het pepertje toe en pureer alles met de staafmixer of in de keukenmachine glad. Proef de soep en voeg eventueel nog wat kruidenzout toe. De soep is op een warme dag gekoeld het lekkerst. Zet de soep 30 minuten in de vriezer om hem goed koud te laten worden of zet hem een paar uur in de koelkast.

# Groene raw food gazpacho

Deze gazpacho is supersnel klaar en eigenlijk het lekkerst van alle drie gazpacho's, vinden we zelf. Volgens de *raw food* gedachte zou je zo'n groen 'soepje' eigenlijk elke dag met de lunch moeten eten. Gebruik als het even kan kruiden uit pot, die zijn nog net even malser dan als je ze in een zakje koopt.

Voor 4 personen
Bereidingstijd: 5 minuten

2 sinaasappels
½ kleine citroen
½ komkommer
2 lente-uitjes
8 kleine trostomaten
250 gr verse spinazie
3 eetl. verse oregano
3 eetl. verse tijmblaadjes
1 teentje knoflook uit de knijper
scheutje chili-olie
6 eetl. olijfolie extra vergine
1 theel. komijnpoeder
1-2 theel. kurkuma
kruidenzout en 4-seizoenenpeper

Pers de sinaasappels en de citroen uit. Snijd de komkommer in blokjes, snijd het lente-uitje in stukken en halveer de tomaten. Voeg alle ingrediënten bij elkaar en pureer het met 1 glas koud water tot een gladde soep. Proef de soep en voeg eventueel nog wat zout en peper toe.

# Groene gazpacho met avocado

Deze variant op de groene gazpacho is ook heerlijk. Als je hem helemaal *raw food* wilt maken, laat de tuinerwten dan rauw. Mooie garnering: de blauwe bloemetjes van borage (komkommerkruid, te koop in potten bij een tuincentrum of te bestellen bij je groenteman).

Voor 4-5 personen
Bereidingstijd: 15 minuten

1 komkommer
1 groene paprika
1 avocado
450 gr tuinerwten (diepvries of vers)
300 gr verse spinazie
2 eetl. citroensap
6 eetl. olijfolie
2 eetl. walnootolie
4 lente-uitjes in ringen
2 teentjes knoflook
2 theel. komijnpoeder
handje grof gehakte peterselie
750 ml ijskoude kruidenbouillon
peper en/of zout
ringetjes bosui en kleine blokjes komkommer
    (ter garnering)

Snijd de komkommer in blokjes en de paprika in stukjes. Schil de avocado, verwijder de pit en snijd hem in stukjes. Kook de tuinerwten 1 minuut in een laagje water en spoel ze onder koud, stromend water af. Doe ze in een grote kom met de komkommer, de paprika, de avocado, de spinazie, het citroensap, de olijfolie, de walnootolie, de lente-uitjes, de knoflook, de komijnpoeder en een handje grof gehakte peterselie. Voeg de ijskoude kruidenbouillon toe en pureer alles glad in de keukenmachine of met de staafmixer. Breng de gazpacho eventueel op smaak met wat peper en/of zout. Eet de soep gekoeld en garneer hem met ringetjes bosui en kleine blokjes komkommer.

## Zomer...versieren!

### Borage-munt-ijsblokjes

Als je toch die prachtige blauwe borage-bloemetjes (komkommerkruid) in de tuin hebt staan (of hebt gekocht), maak dan meteen een voorraadje ijsklontjes voor in de soep, zomerse limonadedrankjes of je spa rood. Leg in ieder siliconen ijsvormpje een bloemetje (steeltje naar je toe), daarop een stukje verse munt en eventueel een driehoekje uit een schijfje citroen. Aanvullen met water en invriezen.

# Salades

## 3 x Dressing

Wat maakt een salade top? Het geheim zit hem in twee dingen: echt verse groente en de vinaigrette. Een goede dressing maakt de salade. Naast de echte Franse vinaigrette vind je hieronder drie topdressings en ideeën voor zelfgemaakte olie en azijn.

Lekkere dressings en sauzen voor een snelle salade:

1. Zoete muntdressing: doe 2 eetlepels fijn gehakte verse munt, 2 theelepels agavesiroop of rijststroop, 1 eetlepel balsamicoazijn, 1 eetlepel sinaasappelsap en 3 eetlepels olijfolie in een potje en schud alles goed. Lekker bij salades met fruit.
2. Arabische dressing: hak 2 lente-uitjes fijn en doe ze in een potje met 2 eetlepels fijn gehakte verse koriander, 1 eetlepel azijn, 1 eetlepel citroensap, 1 theelepel komijn en 6 eetlepels olijfolie en schud alles goed. Lekker bij tomaat en ontkiemde zaden als alfalfa, of bij een bonensalade met tomaat en maïskorrels.
3. Oriënt dressing: vermaal 50 gram geroosterde hazelnoten heel fijn in een vijzel en doe hierbij 1 eetlepel rijstazijn, 1 eetlepel lichte sojasaus of tamari (natuurvoedingswinkel), 1½ eetlepel notenolie, 1 eetlepel zonnebloemolie en 1 theelepel fijn gehakte rode peper (of peper uit de molen). Klop alle ingrediënten goed door elkaar met een vork. Lekker bij beetgaar gekookte en afgekoelde broccoli met taugé.

Basic salade met
- champignons die je even aanfruit in olijfolie en een teentje knoflook uit de knijper; strooi er van het vuur af verse peterselie over.
- een paar minuten gekookte en met koud water afgespoelde peultjes en rode uienringen die je besprenkelt met 1 eetlepel sojasaus en 1 eetlepel sesamolie.
- een paar minuten gekookte en met koud water afgespoelde groene asperges die je 30 minuten hebt gemarineerd in stukjes zongedroogde tomaat in olie en wat kruidenzout.

# Crea-klusje: zelf olie en azijn maken

Supersimpel en leuk om cadeau te geven. Voeg verse kruiden en andere smaakmakers toe aan olijfolie of azijn. Doe je zelfgemaakte olie of azijn in mooie glazen flesjes en hang er een handgeschreven labeltje aan met de datum en een omschrijving. Een sticker kan natuurlijk ook.

- **Limoen-tijmolie:** boen een onbespoten limoen of citroen goed af en schil hem dun, liefst in een ononderbroken, lange sliert. Voeg de schil samen met een paar takjes (citroen)tijm toe aan een goede vergine olijfolie in een fles met een wat bredere hals. Laat 2 weken trekken.

- **Lavendelazijn:** vul een flesje met witte balsamico- of wijnazijn en zet er een paar takjes lavendel rechtop in.

- **Pica-olie of -azijn:** doe een hele rode of groene peper in sherryazijn of biologische koudgeperste zonnebloemolie en voeg nog wat hele roze en groene peperkorrels toe.

- **Steranijs-appelazijn:** voeg drie hele steranijsjes (onder andere Marokkaanse winkel) en (als decoratie) twee plakjes heel dun gesneden citroen toe aan appelazijn.

- **Pittige frambozenazijn:** vul een flesje met frambozenazijn en voeg gekneusde roze peperkorrels, een paar kruidnagels en wat frambozen of bramen toe.

## Franse vinaigrette

De klassieke Franse vinaigrette bestaat uit 3 delen olie, 1 deel azijn, 1 theelepel mosterd, 1 theelepel suiker, zout en peper. Meng alle ingrediënten (behalve de olie) en klop dan druppelsgewijs de olie toe.

# Salades

## Venkel-sinaasappelsalade met zwarte olijven

Voor 4-5 personen
Bereidingstijd: 10 minuten

Voor de dressing:
4 eetl. olijfolie
1 eetl. witte balsamicoazijn
1 theel. mosterd
(kruiden)zout en 4-seizoenenpeper uit de molen

2 venkelknollen
2 sinaasappels
1 rode ui
50 gr ontpitte zwarte olijven
pijnboompitten en/of hazelnoten

### Variaties

- Klop 1 eetlepel ahornsiroop door de dressing
  en vervang de azijn door citroensap voor een
  aparte zoete smaak.
- Strooi wat dilletopjes over je salade.

Klop in een kommetje de olie, de azijn en de mosterd door elkaar en breng de dressing op smaak met zout en peper.

Snijd het kapje en de uiteinden van de venkel en bewaar het groen. Schaaf de venkel in heel dunne plakjes. Dit gaat het best met een mandoline. Snijd de schil en het wit van de sinaasappels (zet hiervoor de sinaasappel op een plank en snijd met de vorm van de vrucht mee, van boven naar beneden). Snijd de sinaasappel in ronde, niet te dikke plakken. Pel de ui en snijd hem in heel dunne plakjes. Hussel met je handen alle ingrediënten door elkaar (behalve de pijnboompitten en/of hazelnoten).

Giet de dressing erbij en schep alles nog even luchtig door. Schep de salade op een mooi groot bord en strooi als laatste plukjes venkelgroen en de pijnboompitten en/of hazelnoten erover.

# Kokosquinoasalade met spinazie

Deze salade is ook perfect als onderdeel van een feestbuffet. Serveer in de herfst en winter op kamertemperatuur en in de lente en zomer gekoeld. Wees royaal met de verse kruiden.

Voor 6 personen
Bereidingstijd: 15-20 minuten

Voor de salade:
250 gr quinoa
400 ml kokosmelk (blik)
4 eetl. sesamzaad
1 kleine rode ui
handje gedroogde cranberries
240 gr zwarte bonen (zelf gekookt of uit blik)

Voor de dressing:
3 eetl. gearomatiseerde wokolie
2 eetl. lichte sojasaus of tamari
sap van een halve citroen
1-2 eetl. rijstazijn

Om te serveren:
250 gr spinazie
bosje verse koriander of verse peterselie

Salade: rooster de quinoa in een droge koekenpan gedurende 2 minuten. Doe ze over in een pan, voeg de kokosmelk en 100 milliliter water toe en kook de quinoa in 10 minuten gaar. Rooster ondertussen in de koekenpan de sesamzaadjes goudbruin. Pel en snipper de ui heel fijn. Snijd de cranberries ook wat fijner. Laat de bonen uitlekken.

Dressing: klop alle ingrediënten voor de dressing door elkaar. Dek de dressing af en zet hem in de koelkast.

Serveren: hak de verse kruiden en roer ze door de salade. Proef de salade nog even: in de zomer mag deze salade best wat meer citroen of azijn hebben. Drapeer een grote platte schaal met spinazieblaadjes, besprenkel ze met wat sesam- of wokolie en leg de kokosquinoasalade in het midden.

# Aubergines met basilicum en granaatappelpitjes

Laatst waren we op een *underground* boerenmarkt. Underground, want de locatie werd tot het laatste moment geheim gehouden en werd via Twitter bekendgemaakt. In een leegstaand winkelpand waren tachtig microproducenten samengekomen. Denk gammel-tafeltje-kleedje-koninginnedag-sfeertje. En op die kleedjes was het één grote smaakexplosie van muffins, chutneys, noedels en jams uit eigen tuin en keuken van andere kook- en foodverslaafden. De aubergines uit de oven die ik voor kerst in een 100% plantaardige versie namaakte bleken achteraf van niemand minder dan Yotam Ottolenghi, de Londense goeroe in groentegerechten. Zijn versie is met karnemelksaus, citroentijmblaadjes en za'atar (Midden-Oosters kruidenmengsel) die je er op het laatste moment overheen strooit. Voel je vooral vrij te variëren met deze laatste twee. Omdat je niet altijd makkelijk aan granaatappel kunt komen, zijn gedroogde cranberries een goed alternatief (of laat beide weg).

Voor 4-6 personen
Bereidingstijd: 10-15 minuten
+ 30 minuten oventijd

2 aubergines
(kruiden)zout en (4-seizoenen)peper uit de molen
olijfolie
1 granaatappel (Turkse winkel of goed gesorteerde
    groenteman) of 30-40 gr gedroogde cranberries
    (notenwinkel)
½ citroen of limoen
1 teentje knoflook
200 ml sojaroom
paar takjes basilicum

Verwarm de oven voor op 200 ºC.

Snijd de aubergines met steeltje en al in de lengte in lange plakken (ongeveer acht in totaal) en leg ze naast elkaar in een ruime ondiepe ovenschaal. Bestrooi ze met zout en peper uit de molen en sprenkel er aan beide zijden flink wat olijfolie over. Smeer de aubergines in met je vingers, zodat de olie goed verspreid is over het hele vruchtvlees. Schuif de schotel in het midden van de voorverwarmde oven en bak 30 minuten tot de aubergine modderig en goudbruin is.

Snijd de granaatappel in vieren en klop met een pollepel de pitten los in een kommetje. Zet ze weg.

Rasp boven een ander kommetje de helft van de citroen of limoen (de andere helft gebruik je niet). Knijp het teentje knoflook erboven uit en voeg de room toe. Roer alles goed door elkaar en breng het roommengsel op smaak met zout, peper en 1 drupje (of 2) citroen- of limoensap. Tot hier kun je dit gerecht tot een dag van tevoren voorbereiden.

Serveren: schep in het midden van elke plak aubergine een flinke lik van het roommengsel. Bestrooi de aubergines met de granaatappelpitjes of gedroogde cranberries en daarna met gescheurde basilicumblaadjes.

## Halve meloen met port en olijvenspiesje

Eigenlijk geen recept, maar wel in al zijn eenvoud een perfect voorgerechtje.

Voor 4 personen
Bereidingstijd: 3 minuten

2 kleine suikermeloenen
rode port
50 gr zwarte olijven zonder pit

Snijd de meloenen in het midden met een mesje schuin in; alsof je haaientanden maakt. Ga helemaal rond, de helften komen vanzelf van elkaar los. Verwijder met een eetlepel de pitjes. Snijd van de onderkant van de meloenhelften een klein kapje af zodat ze straks niet omrollen. Giet in het holletje bovenop wat rode port. Rijg op houten spiesjes 5 olijven en steek deze in de rand van de meloen. Serveer met een lepeltje.

## Bietencarpaccio met mierikswortelroom

Voor 4-6 personen
Bereidingstijd: 15 minuten

2 rode bieten
100 gr fijne veldsla of mesclun (jonge gemengde sla)
4 eetl. olijfolie
1 eetl. balsamicoazijn
8 eetl. sojaroom
1 afgestreken eetl. geraspte mierikswortel (potje)
(kruiden)zout en peper
50 gr gepelde pistachenootjes

Zet de grill aan.

Schil de rode bieten en snijd er met de mandoline of op een gewone rasp dunne plakken van. Verspreid de bieten over een grote, platte schaal of ovenplaat, besprenkel ze met olijfolie en schuif een paar minuten onder de grill. Drapeer ze als een bloem of dakpansgewijs op een grote schaal of maak individuele bordjes. Leg in het midden een pluk veldsla.

Klop 4 eetlepels olijfolie met 1 eetlepel balsamico in een kopje door elkaar en sprenkel als dressing over de sla en bietjes. Klop in een kommetje de room en de mierikswortel. Proef de room en breng hem op smaak met zout en peper en eventueel iets meer mierikswortel. Giet een sierlijk rondje mierikswortelroom op de grens van de sla en de bietjes of giet een diagonale streep over het bord. Bestrooi de bietencarpaccio met de pistachenootjes en serveer meteen.

# Hele artisjok met vinaigrette

Dit is zo'n evergreen receptje waar je meteen een
feestelijk gevoel bij krijgt. Ideaal als je lekker lang
aan tafel wilt zitten of om aan vrienden te serveren.
Artisjokken worden vaak met allerlei ingewikkelde
sausjes geserveerd, maar met een simpele vinaigrette
vinden wij hem eigenlijk het lekkerst. Oké, het koken
van de artisjok duurt wel 25 minuten, maar daar heb
je geen omkijken naar en de vinaigrette maak je in een
paar minuten.

Voor 4 personen
Bereidingstijd: 3 minuten + 25 minuten koken

4 artisjokken

Voor de vinaigrette:
½ teentje knoflook
2 eetl. balsamicoazijn
6 eetl. olijfolie (1e persing of van goede kwaliteit),
    of – nog lekkerder – een mix van olijfolie en
    notenolie
1 dessertl. zachte mosterd
(kruiden)zout
snufje suiker
4-seizoenenpeper uit de molen

Zet een pan met ruim water op en kook de artisjokken
25 minuten.

Knijp de knoflook boven een kommetje uit en klop de
ingrediënten voor de vinaigrette erdoor.

Serveren: zet op elk (niet te klein) bord een artisjok.
Geef iedereen een eigen schaaltje met vinaigrette of
zet een kommetje in het midden. Zorg ook voor een
afvalschaaltje op tafel om de lege blaadjes en het hooi
in te gooien.

En zo eet je het: pluk van buiten naar binnen steeds
een blaadje, dip het in de vinaigrette en bijt het
groentevlees eraf. Als de blaadjes meer naar binnen
toe zo dun worden dat er geen vruchtvlees meer aan
zit, snijd dan met je mes de artisjok overlangs, net
onder de haren doormidden. Wip het hooi er met een
lepel voorzichtig uit. Het artisjokkenhart kun je nu ook
weer dippen en eten.

# Franse gevulde shii-takes

Voor 4 personen
Bereidingstijd: 5 minuten + 15-20 minuten oventijd

4 middelgrote en 4 kleine shii-takes
2-3 teentjes knoflook
40 ml Brassica of 50 gr plantaardige boter
   (op kamertemperatuur)
4 eetl. gehakte peterselie
1 eetl. verse tijmblaadjes
1 eetl. verse, gehakte oregano
2 zongedroogde tomaten
6 gedroogde pruimen, voorgeweld
kruidenzout en 4-seizoenenpeper uit de molen
pijnboompitten

Verwarm de oven voor op 200 °C.

Maak de paddenstoelen schoon met keukenpapier en
verwijder de steeltjes. Knijp de knoflook uit boven de
olie of boter. Hak de kruiden met de zongedroogde
tomaten en de gedroogde pruimen fijn en roer ze
samen met het zout en de peper door de olie of boter.
Verdeel het olie- of botermengsel over de shii-takes en
zet ze 15-20 minuten in de voorverwarmde oven.

Rooster de pijnboompitten 1 minuut in een droge
koekenpan en strooi ze vlak voor het serveren over de
paddenstoelen.

# Halve avocado met vinaigrette

Voor 4 personen
Bereidingstijd: 5 minuten

2 eetrijpe avocado's

Voor de vinaigrette:
2 eetl. balsamicoazijn
6 eetl. olijfolie (1e persing of van goede kwaliteit),
   of een mix van olijfolie en notenolie
½ teentje knoflook
1 dessertl. zachte mosterd
(kruiden)zout
snufje suiker
4-seizoenenpeper uit de molen

Om te serveren:
50 gr gemengde noten (optioneel)
1 bakje alfalfa of andere kiemen (optioneel)
bosbessen of frambozen (optioneel)

Snijd de avocado's in de lengte doormidden en
verwijder de pit.

Klop alle ingrediënten voor de vinaigrette door elkaar.
Zet op elk (ontbijt)bord een halve avocado, vul ze per
stuk met 2 eetlepels dressing.

Voor de uitgebreide versie: bestrooi de avocado's met
de noten en decoreer het bord met een plukje alfalfa
en wat bosbessen of een paar frambozen, afhankelijk
van het seizoen.

*Hoofdstuk 3*

# HOOFDGERECHTEN

# Smokey goulash

Je proeft het 'geheime ingrediënt' niet, maar deze stevige goulash krijgt z'n lekkere 'rokerige' smaak door... espresso!

Voor 5-6 personen
Bereidingstijd: 25 minuten

2-3 uien
3 eetl. olijfolie
1 dessertl. suiker (liefst bruine basterdsuiker)
2 rode paprika's
2 teentjes knoflook
3 eetl. paprikapoeder
1 afgestreken eetl. kummel (gemalen karwij)
1 blik gepelde tomaten
2 blikjes bonen (uitlekgewicht elk 250 gr:
    1x kidneybonen en 1x witte, groene of zwarte
    bonen)
½ espressokopje espresso of sterke koffie
verse peterselie

Pel en snipper de uien. Verhit de olijfolie, voeg de suiker en de ui toe en fruit deze 3 minuten op zacht vuur.

Snijd ondertussen de paprika's doormidden, verwijder de pitjes en snijd ze in repen. Knijp de knoflook boven de ui uit en roer de paprika, de paprikapoeder en de kummel door de ui. Leg het deksel op de pan en laat onder af en toe omscheppen nog 4 minuten fruiten. Voeg de gepelde tomaten, de uitgelekte bonen en de espresso toe. Roer alles en maak met een pollepel de tomaten in de pan wat kleiner. Leg het deksel op de pan en laat nog 7-10 minuten op zacht vuur pruttelen.

Serveren: doe de goulash over in een schaal en bestrooi het gerecht met gehakte peterselie.

# Frittata

Een frittata is een geweldige manier om restjes te verwerken. *Leftovers* van recepten uit dit boek die zich goed lenen voor dit recept zijn alle pasta's, de seitanboeuf bourguignon (pag. 54) en de smokey goulash (pag. 42).

Voor 5-6 personen
Bereidingstijd: 5 minuten + 15-20 minuten oventijd

Pasta, gierst of rijst voor het aantal mensen voor
    wie je kookt
1 blok tofoe (325 gr, minder mag ook)
2 afgestreken eetl. maïzena
250 ml sojaroom
rasp van 1 (biologische) citroen
1 teentje knoflook
handje verse peterselie
zakje verse gemengde Italiaanse kruiden (als je
    geen verse hebt: 2 theel. gedroogde) of mengsel
    van peterselie, paar takjes tijm, rozemarijn en/of
    oregano, verse salie
(kruiden)zout en (4-seizoenen)peper

Verwarm de oven voor op 200 °C.

Doe de tofoe, de maïzena, de sojaroom, de citroenrasp en de geritste kruiden in een kom en knijp de knoflook erboven uit. Let op: gebruik niet meer dan 2 blaadjes salie, dit kruid is heel sterk. Maak met een vork de tofoe iets kleiner en pureer alles daarna met de staafmixer. Breng het mengsel op smaak met zout en peper.

Doe de overgebleven restjes of pasta, gierst of rijst in een ovenschaal en verdeel het tofoemengsel erover. Zet de schaal 15-20 minuten in de voorverwarmde oven.

Maak in de tijd dat de frittata in de oven staat de pappardelle van courgette en zongedroogde tomaatjes of gegrilde groenten uit de oven (pag. 46 en 47).

## Franse verse kruiden

Probeer in plaats van de bekende verse Italiaanse kruiden eens een Frans 'fines herbes'-mengsel. Dat is een combinatie van bieslook, peterselie, kervel en/of dragon. De laatste twee hebben een heerlijke, fris-pittige, anijsachtige smaak die je aan lente doet denken. Helaas bijna nooit in de supermarkt te koop. Vraag ernaar bij je groenteman.

# Pasta met rucola, ovengedroogde tomaatjes en rode ui

Wel de tijd maar geen zin om in de keuken te staan? Dan is dit een topper. Zelfs de grootste kaasverslaafde mist de verse Parmezaan niet in dit gerecht. Het foefje: zoet gepofte rode ui.

**Voor 4-5 personen**
Bereidingstijd: 5 minuten + 55-60 minuten oventijd

4 rode uien
2-3 teentjes knoflook
375 gr tros- of kerstomaten aan de tak
3 theel. gedroogde Italiaanse kruiden
kruidenzout en 4-seizoenenpeper
6 eetl. olijfolie (of meer)
350 gr pasta (bijv. spaghetti, liefst verse)
450 gr rucola

Verwarm de oven voor op 155 °C.

Zet een grote ovenschaal klaar. Pel de uien en snijd ze elk in acht parten. Kneus de teentjes knoflook en snijd ze in plakjes of pers ze boven de ovenschaal uit. Snijd de helft van de tomaten doormidden. Doe de ui, de knoflook, de kruiden, het zout en de tomaten (de gehalveerde en de hele tros met steel) in de schaal. Giet de olijfolie erbij, hussel alles even door elkaar en zet de schaal 55-60 minuten in de voorverwarmde oven. Tot hier kun je dit gerecht tot een dag van tevoren al voorbereiden.

Kook de pasta in 2 liter gezouten water en giet de pasta af.

Verwijder het tomatentakje uit de ovenschaal. Scheur de rucola met je handen boven de schaal met warme uien en tomaten en schep de hete pasta erdoor. Proef nog even of er genoeg zout in zit, draai wat 4-seizoenenpeper erover en serveer meteen.

# Gegrilde groenten uit de oven

Zo simpel, zo heerlijk en het past bij vrijwel alle pastagerechten: dit kun je een paar keer per week maken, zonder dat het ooit verveelt. Je hoeft niet alle groenten te gebruiken: maak de ene dag bijvoorbeeld een combinatie van aubergine, rode ui en paprika en de andere dag courgette, trostomaatjes en maïs.

Voor 5-6 personen
Bereidingstijd: 5-10 minuten, afhankelijk van
de hoeveelheid groenten
+ 30-35 minuten oventijd

1 aubergine
zout
1 rode paprika
1 courgette
trostomaatjes aan de tak
2-3 rode uien
2 teentjes knoflook
1 eetl. korianderkorrels
paar takjes tijm en/of rozemarijn of
    1 eetl. gedroogde Italiaanse kruiden
olijfolie

> Vervang aubergine, paprika, courgette en tomaat door stukken geschilde aardpeer (ook wel topinamboer of Jeruzalem-artisjok), meiknol, pastinaak, peterseliewortel (in de lengte doormidden gesneden) en verse biet. Win tijd en kook de groenten eerst paar minuten in water en laat ze uitlekken. Kruid het geheel met gevijzelde venkelzaadjes, 5 tot 10 ongepelde tenen knoflook, een paar takjes rozemarijn, tijm en blaadjes salie.

Verwarm de oven voor op 200 °C.

Verwijder de steel van de aubergine en snijd hem in de lengte in dunne plakken. Bestrooi elke plak aan beide kanten licht met zout en leg ze om en om op keukenpapier tot je een hele stapel krijgt. Dek de plakken af met een plank en zet daarop iets zwaars.

Snijd de paprika in brede repen en de courgette in plakken. Pel de uien en snijd ze in vieren (als ze erg groot zijn in smallere parten). Meng alle groenten in een braadslede of grote, lage ovenschaal. Knijp de knoflook erboven uit.

Wrijf de koriander met de kruiden in een vijzel fijn en schep ze door de groenten. Besprenkel het geheel met wat olijfolie. Verwijder het keukenpapier tussen de aubergineplakken. Leg de plakken in een aparte braadslede of ovenschaal naast elkaar en besprenkel ze ruim met olijfolie. Verdeel de olie met je vingers over de aubergine. Schuif beide ovenschalen in de voorverwarmde oven en bak de groenten 30-35 minuten.

Serveer meteen, bijvoorbeeld samen met de frittata.

# Pasta met Siciliaanse pesto

Bij dit recept is het belangrijk dat je de allerbeste ingrediënten gebruikt. Italianen eten pasta uitsluitend als *primi* (voorgerecht) maar je hebt er een volledige maaltijd aan met de venkelbonen (pag. 49) of gegrilde groenten uit de oven (pag. 47).

Voor 5-6 personen
Bereidingstijd: 15 minuten

5 trostomaten
50 gr blanke amandelen
4-5 eetl. olijfolie van goede kwaliteit (koudgeperst, extra vergine)
2 beschuiten
(kruiden)zout
500 gr pasta (bijv. buisjespasta)
3 teentjes knoflook
bosje basilicum, stukje steel eraf
1 theel. suiker
4-seizoenenpeper of andere pepermix uit de molen

Zet een pannetje water op en breng dit aan de kook. Snelle truc: kook het water eerst in de waterkoker en giet het daarna in de pan. Voeg de tomaten toe. Zet ook alvast een grote pan water met zout op voor de pasta.

Rooster de amandelen in een droge koekenpan een paar minuten op halfhoog vuur, maar niet bruin. Verhit de koekenpan met 1 eetlepel olijfolie, verkruimel de beschuiten in de koekenpan en rooster deze al omscheppend 1 minuutje op niet al te hoog vuur. Strooi er eventueel nog een beetje zout over.

Kook de pasta volgens de aanwijzingen op de verpakking en begin aan het recept voor de venkelbonen.

Giet, terwijl de pasta kookt, de tomaten af en laat de pan vollopen met koud water. Ontvel de tomaten onder koud, stromend water, snijd ze in tweeën en pureer ze met de staafmixer of in de blender samen met de amandelen, de knoflook, het basilicum, de suiker en 3-4 eetl. olijfolie. Breng de pesto op smaak met zout en peper.

Giet de pasta af als die gaar is en verdeel deze over diepe borden. Schep de pesto erover en bestrooi met je zelfgemaakte paneermeel. Serveer de pasta bijvoorbeeld met de venkelbonen.

# Venkelbonen

Voor 5-6 personen
Bereidingstijd: 20 minuten

400 gr sperziebonen (alleen getopt)
1 ui
4 eetl. (of meer) koudgeperste olijfolie extra vergine
1 theel. suiker
1 theel. Italiaanse kruiden
½-1 venkel
3 eetl. rozijnen
1 blik (netto 225 gr) boter- of reuzenbonen
(kruiden)zout

Breng een laagje water aan de kook en kook de sperziebonen 15 minuten of tot ze beetgaar zijn.

Pel en snipper ondertussen de ui. Verhit de olie, voeg de suiker, de ui en de kruiden toe en fruit alles op zacht vuur. Snijd de venkel doormidden en snijd hem vervolgens in heel kleine blokjes, net zoals je een ui fijn snijdt. Voeg de venkel bij het uienmengsel en roerbak hem op zacht vuur even mee. Doe het deksel op de pan en laat nog 2 minuten zacht fruiten. Voeg de rozijnen en de uitgelekte boterbonen toe en laat het geheel nog even pruttelen.

Giet het water van de sperziebonen af, laat ze eventueel schrikken onder koud, stromend water (zo behoud je de kleur beter) en hussel de sperziebonen door het bonenmengsel. Breng het geheel op smaak met zout. Serveer deze venkelbonen bijvoorbeeld met de pasta met Siciliaanse pesto.

# Pappardelle van courgette

Voor 5-6 personen
Bereidingstijd: 10 minuten

2-3 courgettes
5 zongedroogde tomaten
4 eetl. olijfolie
1 grote teen knoflook
(kruiden)zout (optioneel)

Was de courgettes en verwijder het kapje. Snijd de courgettes in de lengte in lange plakken met het brede gedeelte van de rasp. Eventueel kun je dit ook doen met de kaasschaaf. Je krijgt zo brede, lange plakken die wel wat weg hebben van heel brede pasta. Snijd de zongedroogde tomaten in kleine stukjes.

Verhit de olijfolie, knijp de teen knoflook erboven uit en bak de courgette licht omscheppend in 3 minuten heel licht goudbruin. Let op dat dit niet te snel gaat. Voeg in de laatste minuut de zongedroogde tomaat toe en eventueel een minimaal snufje zout.

Schuif de courgette op een platte dienschaal en serveer meteen, samen met de frittata.

# Venkelgratin met notencrust

De kneep van dit gerecht zit hem in de gekarame-liseerde venkel, de knoflookroom en de knapperige toplaag van noten. Ideaal: je kunt alles van tevoren al bereiden, dan hoeft de schotel alleen nog even in de oven. Houd dan wel 20 minuten oventijd aan.

Voor 4 personen
Bereidingstijd: 25-30 minuten

450 gr aardappels
450 gr venkel
4 sjalotten
3 eetl. olijfolie
1 eetl. plantaardige boter
1 grote eetl. appel-perenstroop
250 ml sojaroom
1 teentje knoflook
5 eetl. verse gehakte kruiden
   (peterselie of dille of een mix daarvan)
(kruiden)zout en (4-seizoenen)peper uit de molen
100 gr gemengde noten
2 beschuiten
extra plantaardige boter

Verwarm de oven voor op 200 °C.

Schil de aardappels, snijd ze in dunne plakken en kook ze in een laagje water in 6 minuten beetgaar. Was ondertussen de venkel, verwijder het groen (bewaar dit) en snijd aan de onderkant een kapje ervanaf. Snijd de venkel over de lengte in dunne plakken. Pel en snipper de sjalotten. Verhit de olijfolie en boter in een hapjespan of wok en fruit de sjalotten op zacht vuur. Voeg de stroop toe en laat de sjalotten op iets hoger vuur onder af en toe roeren karameliseren. Voeg na een halve minuut al de plakken venkel toe en roerbak ze op niet te hoog vuur een paar minuten.

Giet de aardappels af en doe ze in een ovenschaal. Giet de sojaroom in een kommetje, knijp de knoflook erboven uit, roer de kruiden erdoor en breng de room op smaak met zout en peper. Giet de saus over de aardappels.

Hak de gemengde noten in een vijzel en doe ze in een kom. Verkruimel met je handen de beschuit erboven en roer alles even door.

Schuif de groenten direct uit de pan over de aardappels en bestrooi de schotel met het noten-beschuitmengsel. Leg er hier en daar nog wat vlokjes boter op. Zet de schaal in het midden van de voorverwarmde oven en bak nog 10 minuten.

# Pasta met gegrilde asperges en macadamiaboter

Soms creëer je een gerecht dat zo heerlijk álles heeft: het is supersnel gemaakt, elegant, verrassend, de kinderen vinden het alle vier lekker en je half-Italiaanse lief begint spontaan te spinnen. Eh... die van mij dan.

Macadamianoten zijn toppers vanwege hun romige smaak. Als je rauwe noten gebruikt, fruit ze dan een paar minuten mee met de knoflook. Heb je iets meer tijd, dan zijn de gegrilde groenten uit de oven hier ook heel lekker bij.

Voor 5-6 personen
Bereidingstijd: 25 minuten

500 gr tagliatelle of andere pasta
1 blokje tuinkruidenbouillon
2 teentjes knoflook (liefst verse, gebruik er dan 3)
50 ml amandel- of druivenpitolie
100 gr macadamianoten
(kruiden)zout en (4-seizoenen)peper uit de molen
400 gr groene asperges
olijfolie
verse rode peper (tube, optioneel)
paar takjes verse, hele jonge munt; anders
    peterselie
zwarte olijven om te garneren

Zet een grote pan water met het bouillonblokje op en kook de pasta volgens de aanwijzingen op de verpakking. Houd een beker (150 milliliter) van het kookvocht apart en giet de pasta af.

Pel en kneus de teentjes knoflook en snijd ze in dunne plakjes. Verwarm de amandel- of druivenpitolie en fruit hierin de knoflook gedurende zeker 2 minuten op zacht vuur (laat de knoflook niet bruin worden, maar alleen zijn smaak afgeven). Pureer de macadamianoten met de knoflookolie met de staafmixer of in de keukenmachine tot een dikke pasta. Voeg wat van het kookvocht van de tagliatelle toe en laat de machine nog even draaien tot er een dikke saus ontstaat. Proef de saus en breng hem op smaak met (kruiden)zout en peper uit de molen.

Snijd de uiteinden van de asperges, kwast ze in met olijfolie die je op smaak hebt gebracht met het kruidenzout en eventueel een heel klein beetje verse rode peper (tube) en gril ze in de grillpan ongeveer 4 minuten. Je kunt ze ook onder de grill in de oven schuiven en halverwege draaien.

Schep de saus luchtig door de pasta en leg de asperges er dakpansgewijs op. Hak de munt heel fijn en strooi deze over de schotel. Garneer de pasta met de olijven en serveer meteen.

# Knoflook-room-aardappels met sinaasappelzest

800-1000 gr aardappels
1 blokje kruidenbouillon
200 ml sojaroom
1 teentje knoflook
1 biologische sinaasappel
paar takjes peterselie
kruidenzout en (4-seizoenen)peper uit de molen

Schil de aardappels en snijd ze in plakjes. Zet ze net onder water met het bouillonblokje en kook ze beetgaar in ongeveer 5-6 minuten. Giet het water af.

Doe de sojaroom in een kom, knijp het teentje knoflook erboven uit en rasp de sinaasappel erboven. Hak de peterselie fijn en roer deze erdoorheen. Breng het geheel op smaak met zout en peper. Doe de aardappels in een schaal en giet de room erover.

# Seitanboeuf bourguignon

Bij dit gerecht kun je voor een snelle variant kiezen, maar een *slow food* variant kan ook. Dan heb je alle tijd om ondertussen een boek te lezen, terwijl de oven het werk doet. Ook prima voor etentjes; je kunt het van tevoren maken. Het presenteert net wat leuker met hele bospeentjes waar je nog een beetje groen aan laat. Een prima gerecht voor herfst, winter én lente. In het laatste seizoen passen de babyfrisgroene blaadjes van de kervel goed. Kervel heeft een heerlijke anijsachtige smaak.

Voor 5-6 personen
Bereidingstijd: 30 minuten (of 15 minuten
+ 45-60 minuten oventijd)

1 pot seitan (natuurvoedingswinkel en goed
gesorteerde supermarkt)
3 teentjes knoflook
25 gr plantaardige boter
4 eetl. olijfolie
1 theel. suiker
250 gr gemengde paddenstoelen of
grotchampignons (liefst kleine)
12 sjalotten
1-2 winterwortels of 7-9 bospeentjes
4 takjes tijm
2 laurierblaadjes
400 ml volle rode wijn
verse peterselie of kervel

Verwarm de oven voor op 160 °C voor de slow food variant.

Laat de seitan goed uitlekken en bewaar het vocht. Kneus de teentjes knoflook en snijd ze in plakjes. Verhit de boter en olijfolie met de suiker en de knoflook in een braadpan en bak de seitan al omscheppend 1-2 minuten. Snijd de shii-takes in repen en de champignons doormidden. Schuif de seitan aan de kant, voeg de paddenstoelen toe en roerbak ze even op hoog vuur. Haal de paddenstoelen uit de pan (laat het braadvet erin) en zet ze apart in een schaaltje. Voeg nog een scheutje olijfolie toe als er te weinig bakvet is.

Pel de sjalotten, snijd ze doormidden en voeg ze bij de seitan. Zet het vuur laag. Snijd de wortel in niet te dunne stukken; als je voor de ovenmethode gaat en je hebt kleine bospeentjes, laat ze dan heel met nog een klein stukje groen eraan. Voeg de wortels samen met de tijm en de laurierblaadjes toe aan de sjalotten en laat onder af en toe roeren zeker 4 minuten fruiten met het deksel op de pan tot de sjalotten glazig zijn.

Voeg 100 milliliter van het seitanvocht en de rode wijn toe aan het seitanmengsel en breng het geheel weer aan de kook. Laat 15-20 minuten zachtjes stoven. Voeg de paddenstoelen de laatste minuten toe.

Slow food variant: laat de schotel 45-60 minuten garen in de voorverwarmde oven. Voeg ook hier de paddenstoelen de laatste paar minuten toe.

Serveren: bestrooi met gehakte peterselie of verse kervel. Eet hierbij room-aardappeltjes (pag. 53) en broccoli of sperziebonen.

## Verleid vleeseters met seitan

Wat is seitan, vraag je je misschien af. Grote plus van deze vleesvervanger is de beet en de op vlees lijkende vezelstructuur. Seitan wordt gemaakt van tarwegluten, een elastische eiwitsubstantie uit tarwemeel. Daar zit ook het enige minpuntje aan seitan: door de elasticiteit wil die nog wel eens piepen tussen je tanden. Een geweldig alternatief is het vlees van de vegetarische slager. Er zijn al veel winkels in Nederland die het verkopen en je kunt natuurlijk ook online bestellen.

Misschien was het je al opgevallen: er staat behoorlijk wat drank in dit boek. Een lekker recept bevat vaak deze drie ingrediënten:

- Zorg dat je de ui, de knoflook en de kruiden in olijfolie/boter fruit op een zácht vuurtje en mínimaal 4 minuten. De smaak van je gerecht staat of valt met de groente- en kruidenaroma's die je bij de start van je gerecht aan de olie afgeeft.
- Drank geeft diepte aan een gerecht. Blus de boel kwistig met alcohol en laat hem rustig verdampen of kook hem in.
- Wees scheutig met verse kruiden. Werkelijk elk gerecht pimp je ermee op.

# Puur plantaardige burger

Met een salade of bijvoorbeeld de venkelbonen (pag. 49), is dit een volledige maaltijd. De koflook-komkommerdip (pag. 58) maakt dit gerecht helemaal af.

Voor 5 personen
Bereidingstijd: 15 minuten + 20 minuten oventijd

400 gr linzen (blik) of 250 gr gekookte linzen
1 ui
1 theel. mosterdzaad
2-3 eetl. olijfolie
1 teentje knoflook
cajunkruiden (zie kader)
80 gr havermout (of combineer 40 gr havermout en
    40 gr oud broodkruim, ongeveer 2 sneetjes)
(kruiden)zout en 4-seizoenenpeper uit de molen
50 gr krokant gebakken uitjes (potje)
1-2 vleestomaten
5 grote of 10 kleine, liefst harde, bruine bollen

Verwarm de oven voor op 210 °C.

Spoel de linzen af met koud water en laat ze goed uitlekken in een vergiet.

Snipper de ui. Doe de mosterdzaadjes in de koekenpan, verhit deze en rooster de zaadjes even. Giet de olie erbij, voeg de ui toe en knijp de knoflook erboven uit. Voeg de cajunkruiden toe en laat alles 2-3 minuten op zacht vuur fruiten.

Doe ondertussen de uitgelekte linzen in een grote kom en voeg de havermout toe. Doe ook het gefruite ui-knoflookmengsel erbij, roer alles goed door en vorm vijf platte burgers. Strooi de gebakken uitjes uit over een schaaltje met een opstaande rand en druk beide zijden van de burger in de uitjes. Leg de burgers op bakpapier of een grote siliconenplaat en schuif ze in de voorverwarmde oven. Laat ze 10 minuten bakken, keer de burgers om en laat ze nog eens 10 minuten bakken.

Serveren: snijd de bolletjes doormidden, doe er 2 eetlepels saus op, daarna een plakje tomaat en daarbovenop een burger. Serveer de overgebleven saus in een apart bakje.

## Zelf je cajunkruidenmengsel maken

Je kunt natuurlijk een kant-en-klare mix kopen, maar zelf gemengd smaakt veel puurder. Daar komt nog bij dat in zo'n mengsel altijd uien- en knoflookpoeder zit: hier laten we die weg want er gaat natuurlijk niets boven verse ui en knoflook.

Voor 400 gr burgers:
2 eetl. milde paprikapoeder
2 theel. oregano
2 theel. tijm
1½ theel. cayennepeper (of een scheutje
    chili-olie)

# Knoflook-komkommerdip

½ komkommer
100 ml sojaroom (bijv. sojacuisine)
1 lente-ui
2 teentjes knoflook
1 eetl. citroensap
handje verse oregano (optioneel)
(kruiden)zout en 4-seizoenenpeper uit de molen

Snijd ondertussen de tomaat in plakjes en maak de saus: rasp de komkommer grof (gebruik een niet te fijne rasp) boven een kom. Hevel de geraspte komkommer over naar een zeef en druk het vocht met je handen in de kom die je net gebruikte. Het sap gebruiken we niet, die kun je verwerken in een smoothie of meteen opdrinken. Doe de uitgelekte rasp met de room in een ruime kom. Snijd de lente-ui in ringetjes, voeg deze toe en knijp de knoflook erboven uit. Voeg het citroensap toe en knip de oregano erbij. Roer alles door elkaar en breng het geheel op smaak met zout en peper.

## Variatietips

- Maak zwarte-bonenburgers en geef er guacamole bij. De dip maak je razendsnel zelf: pureer met een vork of kort in de keukenmachine 1 ontpitte, geschilde avocado met 1 klein teentje knoflook uit de knijper, een kneepje citroensap en 1-2 eetlepels verse koriander, (kruiden)zout en (4-seizoenen)peper uit de molen.
- Serveer met een tomatensalsa. Meng 2 in kleine blokjes gesneden tros- of andere zoete tomaten met 1-2 in ringetjes gesneden lente-ui, een halve geperste knoflook, 2 eetlepels verse, gehakte koriander, 1 eetlepel limoensap of 1 eetlepel balsamico- of sherryazijn, (kruiden)zout en (4-seizoenen)peper uit de molen

# Stamppotje waterkers met selderij-bietensalsa

De salsa geeft deze stamppot een lekker knappertje.

Voor 4-5 personen
Bereidingstijd: 25 minuten

1 kg aardappels
1 blokje kruidenbouillon
1 biet (liefst rauw)
1 stengel bleekselderij
1 dessertl. rode peperbesjes
50 gr walnoten
1 teentje knoflook
2 eetl. olijfolie
sojamelk
2 zakjes waterkers (350 gr)
(kruiden)zout en (4-seizoenen)peper uit de molen

Schil de aardappels, was ze en snijd ze in niet te grote stukken. Zet ze net onder water, voeg het bouillonblokje toe en kook ze in 15 minuten gaar.

Maak ondertussen de salsa: schil de biet, verwijder het bovenste en onderste uiteinde van de selderij en snijd beide in heel kleine blokjes. Kneus in een vijzel de peperbesjes, voeg de walnoten toe en stamp deze ook grof. Voeg dit mengsel toe aan het biet-selderijmengsel. Knijp het teentje knoflook erboven uit en roer de olijfolie erdoor. Breng het mengsel eventueel op smaak met zout en peper.

Giet de aardappels af, voeg een scheut sojamelk toe en stamp de aardappels tot een mooie puree. Snijd de waterkers en schep deze door de hete aardappelpuree. Stort de stamppot op een grote schaal, leg de selderij-bietensalsa er in het midden bovenop en serveer meteen.

# Mediterrane boerenkoolstamppot

Wie gewend is zijn boerenkool met massa's geraspte kaas erdoorheen te serveren, zal aangenaam verrast zijn bij dit recept. Tip voor als je niet precies het recept wilt volgen: maak de boerenkool zoals je gewend bent, maar met de helft meer boerenkool. Heerlijk met de Tempeh bacon blokjes (pag. 84)

Voor 4 personen
Bereidingstijd: 25 minuten

1 blokje tuinkruidenbouillon
1 kg aardappels
3 uien
8 zongedroogde tomaten (op olie)
1 flinke teen knoflook
4 eetl. olijfolie
1 eetl. gedroogde Provençaalse kruiden
½ theel. komijnpoeder
600-700 gr boerenkool, voorgesneden
(kruiden)zout en (4-seizoenen)peper

Doe 750 milliliter water en een bouillonblokje in een ruime pan en breng dit aan de kook. Schil de aardappels, snijd ze in stukken en doe ze in het bouillonwater.

Pel en snipper ondertussen de uien en snijd de zongedroogde tomaten in reepjes. Verhit de olijfolie in een grote pan met dikke bodem, knijp de knoflook erboven uit en voeg de uien, de kruiden en de komijnpoeder toe. Laat dit met het deksel op de pan 4 minuten zacht fruiten. Voeg dan de zongedroogde tomaat en de boerenkool toe en roerbak op hoog vuur even mee.

Haal met een schuimspaan de aardappels uit de pan, doe ze bij de boerenkool en giet er kookwater bij tot ze net niet onderstaan. Laat alles nog 10 minuten sudderen en stamp daarna de aardappels en boerenkool fijn tot een smeuïge massa (voeg indien nodig nog wat kookwater toe). Voeg eventueel nog een scheutje goede olijfolie toe, proef de stampot en breng hem eventueel op smaak zout en peper. Serveer de stamppot meteen.

## Frisse variatie

Vervang de helft van de boerenkool door winterpostelein of rucola en roer die fijngesneden pas bij het stampen, dus op het laatst, toe.

# Kruidige korianderrijst

Voor 4-5 personen
Bereidingstijd: 15 minuten

300 gr basmatirijst (als je snel wilt zijn en het
   er mooi uit wilt laten zien, want bruine rijst is
   natuurlijk gezonder)
200 gr tuinerwten (diepvries)
1 bosje koriander
2 eetl. neutrale olie (bijv. zonnebloemolie)
1 eetl. wokolie (gearomatiseerd)
40 gr gezouten cashewnoten (ongeveer een
   handje)

Kook de rijst zoals je gewend bent, maar strooi
3 minuten voor het einde van de kooktijd de tuinerwten
erop, zodat die meegestoomd worden (ze mogen
rauw blijven). Giet de rijst af als er nog vocht in zit.

Pureer de koriander en de olie met de staafmixer of
anderszins en roer dit door de rijst met de erwten.
Strooi de cashewnoten over de rijst en serveer meteen.

# Paella Zarzuela met Spaanse sperziebonen

Persoonlijk vinden wij deze paella het lekkerst in de versie met de tomaten en sperziebonen apart. De hoeveelheden zijn hier verdubbeld, waardoor je geen extra groente hoeft klaar te maken. Vind je in totaal 6 tenen knoflook te veel, minder dan de hoeveelheden.

Voor 6-8 personen
Bereidingstijd: 30 minuten

1 zakje saffraandraadjes of 1 eetl. paellakruiden
2 uien
6 eetl. olijfolie
4-6 teentjes knoflook
3 theel. zoete paprikapoeder
2 eetl. verse tijmblaadjes
2 laurierblaadjes
4 grote tomaten of 600 gr tomaten uit blik
  (weglaten als je voor de paella zonder tomaten
  gaat)
400 gr kortkorrelige rijst
sherry, naar smaak
1 blokje groentebouillon
200 gr sperziebonen (als je apart de Spaanse
  sperziebonen maakt, laat ze dan weg)
90 gr witte amandelen
2 gegrilde rode paprika's (uit pot op olie of vers,
  zie ook kader p. 63)
200 gr dop- of tuinerwten

Doe de saffraandraadjes in een kom, giet er 4 eetlepels heet water over en laat ze staan (dit is natuurlijk niet nodig als je paellakruiden gebruikt).

Pel en snipper de uien. Verhit de olijfolie in een paella- of hapjespan, voeg de ui (en eventueel de paellakruiden) toe en fruit 2 minuten. Knijp de knoflook erboven uit, voeg de paprikapoeder, de tijm en de laurier toe en bak op zacht vuur nog 3 minuten. Snijd ondertussen de (verse) tomaten in blokjes. Doe de rijst bij de gefruite ui en roerbak 1 minuut mee. Blus de rijst af met een scheut sherry en voeg de tomaten toe (maak die uit blik met je pollepel klein) samen met het saffraanwater, het bouillonblokje, 200 milliliter water en de sperziebonen en laat alles zacht pruttelen.

Wrijf ondertussen de amandelen in een vijzel fijn en voeg die ook toe. Roer de rijstschotel niet meer en laat 10-15 minuten pruttelen tot de rijst alle vocht heeft opgenomen en gaar is. Voeg extra water toe als de rijst te droog wordt en nog niet gaar is. Kook de laatste 2 minuten de in repen gesneden paprika's en de tuinerwten mee. Bestrooi de paella met wat verse tijm en serveer meteen.

## Spaanse sperziebonen

Een heerlijke manier om je groente te bereiden. Geleerd van de Valenciaanse huishoudster van mijn tante 'Rietje' Maria.

Voor 6-8 personen
Bereidingstijd: 20 minuten

400 gr sperziebonen
3 tenen knoflook (of meer naar wens)
olijfolie
4 grote tomaten of 600 gr tomaten uit blik
½ bouillonblokje

Maak de sperziebonen schoon zoals je gewend bent en kook ze beetgaar als je tijd wilt besparen. Verhit een flinke scheut olijfolie in een hapjespan, knijp de knoflook erboven uit en laat zeker 4 minuten zacht sudderen. Voeg de uitgelekte sperziebonen, de tomaten, plus 250 milliliter water of de tomaten uit blik en het bouillonblokje erbij. Laat 5-10 minuten sudderen tot de sperziebonen gaar zijn en serveer meteen.

## Gegrilde rode paprika

Wil je een luxere weekendversie, voeg dan 2 zelf gegrilde, in repen gesneden, rode paprika toe: snijd de paprika's overlangs doormidden en leg ze met de bolle kant naar boven 5-7 minuten onder de hete grill (of prik er een vork in en houd de bolle kant boven een vlam). Doe ze daarna 15 minuten in een afgesloten plastic zak. Nu kun je het vel er makkelijk af trekken. Verwijder ook het steeltje en de zaadlijsten en snijd de paprika in repen.

# Teriyakispiesjes met zoete groenten en simpele rijstpilaf

Teriyakisaus is verslavend als je het eenmaal hebt ontdekt. En dit is echt zo'n makkelijk gerecht. Maak hem met kant-en-klaar gekochte teriyaki, of maak de teriyaki zelf (ook leuk culi-cadeautje als je bij vrienden gaat eten). Als variatie op de pilafrijst kun je korianderrijst maken (pag. 61) , een blijmakend bijgerechtje door zijn frisgroene kleur.

Voor 4-5 personen
Bereidingstijd: 25 minuten + 8-10 minuten oventijd

1 bakje Quorn-stukjes of 250 gr lapjes van de vegetarische slager of 1 blok gerookte tofoe
5-6 eetl. teriyakisaus (uit flesje of zelf gemaakt, zie kader pag. 65)
100 gr shii-takes
1 grote ui
3-4 eetl. donkere sesamolie
1 eetl. zonnebloemolie
1 eetl. margarine
wokolie
300 gr gierst of basmatirijst
½ blokje paddenstoelen- of groentebouillon
2 cm verse gember
½ stronk bleekselderij
1 butternut pompoen
1 stronk broccoli
100 gr tuinerwten (is ongeveer 2 handjes, of naar smaak)
zwarte, groene of gewone sesamzaadjes

Doe de Quorn-stukjes in een lage rechthoekige ovenvaste schaal of snijd het blok tofoe in de lengte in vijf plakken, daarna in blokken en doe ze in de schaal. Besprenkel de Quorn of tofoe ruim met de teriyakisaus. Snijd de shii-takes doormidden en hussel ze door het teriyakimengsel. De tofoe wordt nog lekkerder als je hem op deze manier 15 minuten of langer marineert.

Pel ondertussen de ui en hak hem fijn. Verhit 3 eetlepels sesamolie en 1 eetlepel zonnebloemolie samen met de boter in een hapjes- of wokpan en fruit de ui 3 minuten op zacht vuur. Zet het gas uit. Hevel daarna de ui over naar een andere pan en voeg een scheutje wokolie toe. Voeg de gierst of de basmatirijst toe en rooster al omscheppend gedurende 1 minuut. Dit geeft straks een lekkere nootachtige smaak. Voeg 400 milliliter heet water toe, of zo veel dat de gierst nog een duimbreedte onder water staat. Voeg het halve bouillonblokje toe en breng het geheel aan de kook. Laat de gierst of rijst met het deksel op de pan in 15 (rijst) tot 25 (gierst) minuten gaar worden.

Verwarm de oven voor op 200 °C.

Rasp de gember boven de wokpan. Verwijder het uiteinde van de bleekselderij, snijd hem in stukjes van 1 centimeter en voeg deze bij de gember en het overgebleven bakvet. Voeg eventueel nog 1 eetlepel sesamolie en/of neutrale olie toe. Snijd de butternutpompoen doormidden, verwijder met een lepel het hooi en de pitten en snijd het vruchtvlees in plakken en daarna in blokken. Voeg deze bij de gember en de bleekselderij in de wokpan, roer het geheel en fruit nog 3-5 minuten.

Rijg de stukjes Quorn of tofoe en shii-takes om en om aan ijzeren satéprikkers, leg de prikkers weer in de ovenschaal en schuif deze 8-10 minuten in de voorverwarmde oven.

Blus het pompoenmengsel met een kopje water, breng het weer aan de kook en verdeel de broccoli in roosjes. De broccoli en de tuinerwten kunnen erbij als de pompoen beetgaar is. Stoom alles dan nog ongeveer 4 minuten tot de broccoli beetgaar is.

Serveren: leg een schep gierst of rijst in het midden, schep de groenten ernaast en leg op de gierst of rijst een spiesje. Bestrooi het gerecht met sesamzaadjes (leuk zijn de felgroene of zwarte die je in strooibus bij de toko kunt kopen).

## Teriyakisaus

Teriyakisaus kun je kant-en-klaar kopen in een flesje, maar je maakt hem ook makkelijk zelf:

1 afgestreken dessertl. maïzena
30 ml sojasaus
30 ml sake, rijstwijn of droge sherry
1 dessertl. bruine basterdsuiker of ½ eetl.
   agavesiroop
2 theel. sesamolie

Roer in een steelpannetje de maïzena met 1 eetlepel koud water los, voeg de overige ingrediënten toe en verwarm alles onder af en toe roeren tot de suiker is gesmolten. Laat de saus afkoelen. Als je hem iets meer een zuurtje en pit wilt geven, voeg dan 1 theelepel rijstazijn, een half teentje knoflook uit de knijper en 1 theelepel verse geraspte gember toe. Deze saus is 2 weken tot 1 maand houdbaar in de koelkast.

# Tandoori tofoeballetjes in kokoscurrysaus met pilafrijst en broccoli

Een heerlijk geurig gerecht. Kurkuma is een sterk antioxidant en geeft je gerecht een warme gele kleur.

Voor 4-6 personen
Bereidingstijd: 30 minuten

1 eetl. kurkuma
1 eetl. korianderzaad
1 eetl. garam massalapoeder
1 dessertl. zoete paprikapoeder
2 teentjes knoflook uit de knijper
1 dessertl. sojasaus
1 handje cornflakes
1 blok tofoe (325 gr)
2 uien
2 eetl. margarine
2 eetl. zonnebloem- of andere neutrale olie
2 eetl. sesamolie
300 gr basmatirijst (of bruine gekookte rijst die je de avond van tevoren al hebt gemaakt: zie kader pag. 67)
1 blokje groentebouillon
200 gr tuinerwten (diepvries)
2 stronken broccoli
amandelschaafsel
200 ml kokosmelk

Stamp de kurkuma, het korianderzaad, de massalapoeder en de paprikapoeder in een vijzel fijn. Doe de knoflook, de sojasaus, de cornflakes en de stukjes tofoe in een kom. Voeg tweederde van de gevijzelde kruiden toe en pureer de massa met de staafmixer.

Pel de uien en hak ze fijn. Verhit de margarine en 1 eetlepel olie in een grote koekenpan en doe de helft van de gehakte ui en de overgebleven gevijzelde kruiden erbij. Laat dit op zacht vuur een paar minuten smoren.

Verhit ondertussen in een pan met dikke bodem de andere eetlepel olie, de sesamolie en fruit de ui een paar minuten op zacht vuur. Voeg de basmatirijst toe, bak deze 1 minuut mee en blus de rijst af met 500 milliliter water en het blokje groentebouillon. Kook de rijst met het deksel op de pan op zacht vuur in 15 minuten gaar. Voeg de tuinerwten toe en stoom ze nog hoogstens 1 minuut mee (de erwten mogen rauw blijven).

Vorm balletjes van het tofoemengsel. Als het mengsel nog te plakkerig is, doe er dan nog wat in een vijzel vermalen cornflakes bij. Voeg de balletjes bij de glazige ui in de koekenpan, draai het vuur hoger en bak ze in een paar minuten goudbruin. Schuif de balletjes naar de zijkant van de pan (of zet ze even apart op een schaal), voeg de kokosmelk toe aan het bakvet en laat nog 1 minuut koken. Proef de kokossaus en breng hem op smaak met zout en peper. Houd de balletjes warm in de saus.

Verwijder een klein stukje van de broccolisteel, snijd de rest in stukken en verdeel in roosjes. Stoom of kook de broccoli in een klein laagje water beetgaar en rooster het amandelschaafsel in een droge koekenpan goudbruin.

Serveren: leg een schep pilafrijst in het midden van het bord en daarop een schep van de balletjes in currysaus. Leg de broccoli eromheen en strooi het amandelschaafsel erover.

## Time-management

Ik geef de voorkeur aan bruine rijst want die is veel voedzamer. Nadeel is natuurlijk dat je hem 45 minuten moet koken. Bespaar tijd door de rijst in een royale hoeveelheid de avond tevoren al te koken. Dan hoef je de rijst de volgende dag alleen nog te roerbakken door de gefruite ui in de olie en voeg je de laatste minuut de tuinerwten toe.

# Noedels met norichips

Een oosters fusionfeestje van groenten: 'Thais' basilicum en Japanse chips. Als je geen gearomatiseerde wokolie hebt, fruit dan een teentje knoflook erbij.

**Voor 5-6 personen**
**Bereidingstijd: 20 minuten**

500 gr noedels
200 gr peultjes
1 grote stronk broccoli, in roosjes
3 eetl. sojasaus
3 eetl. zonnebloemolie
4 velletjes nori zeewier (zie kader voor norichips)
2-3 eetl. wokolie (gearomatiseerd)
1 eetl. bruine suiker
1 limoen
150 gr shii-takes
vers basilicum
50 gr gezouten cashewnoten

Maak de noedels klaar volgens de aanwijzingen op de verpakking. Stoom of kook in een andere pan in een klein laagje water gedurende 3 minuten de peultjes en de broccoli. Giet de groenten af, spoel ze af met koud water en zet ze apart. Doe 100 milliliter water in een steelpannetje met de sojasaus, de olie en 2 velletjes zeewier en pureer dit met de staafmixer. De saus wordt nu lobbig.

Maak de norichips van de andere 2 velletjes nori (zie kader) of – iets sneller – rooster de nori licht boven het gas (zo maak je hem knapperig); met deze methode kun je de velletjes tussen je vingers verpulveren en straks door de noedels scheppen.

Verhit in een grote hapjespan of wok de wokolie, voeg de suiker toe en rasp op een heel fijn raspje de limoen erbij. Snijd de shii-takes in brede repen en fruit ze al omscheppend 2 minuten mee. Giet dan de saus erbij, breng het geheel aan de kook en schep de noedels en groenten er luchtig doorheen. Doe het vuur uit. Snijd een paar takjes basilicum fijn en schep dit ook door de noedels. Strooi de zeewiersliertjes en cashewnoten over de noedels en garneer met nog een paar blaadjes basilicum en partjes limoen.

## Norichips

Verhit een scheutje sesamolie of neutrale olie in de koekenpan en rooster er op niet te hoog vuur in maximaal 1 minuut een vel nori in. Draai de nori ook even om. Vouw het vel een paar keer dubbel en knip hem in sliertjes.

## Borrelen met noripopcorn

Norichips zijn een heerlijke Japanse snack. Meng ze met aardappelribbelchips of bak popcorn in een scheutje wokolie (er zijn veel gekruide varianten) en knip de nori in vrolijke wiebertjes of andere vormpjes, bijvoorbeeld hartjes.

## Thais basilicum

Zonde om vers basilicum alleen te gebruiken in Italiaanse gerechten. Dit kruidige kruidje is in combinatie met sojasaus een topper. De echte Thaise sojasaus is pittiger van smaak, maar onze Hollandse uit pot voldoet ook.

# Fish flavoured aubergine

Dit is een interessant gerecht uit de regio Sichuan in China. Als je aubergines zo maakt, dan smaken ze 'fish flavoured', zonder dat er ook maar een visje aan te pas komt! Eet met een kom rijst of noedels.

**Voor 4 personen**
**Bereidingstijd: 15 minuten**

2 aubergines
3-4 gedroogde rode pepertjes, 10 minuten geweekt
   in warm water
500 ml olie om in te wokken
2 eetl. sweet chili saus
2 teentjes knoflook, geplet en fijn gehakt
4 lente-uitjes, fijn gehakt en de witte en groene
   stukjes van elkaar gescheiden
1 theel. verse, fijn gehakte gember
1 eetl. sojasaus
2 eetl. rijstwijn of droge sherry of brandy
   (wat je in je kast hebt staan)
sap van 1 citroen
1 theel. sesamolie

Was de aubergines goed, maar schil ze niet. Snijd de aubergine in stukjes. Snijd de geweekte rode pepertjes in drieën, verwijder de zaadlijsten en de zaadjes.

Verhit de olie in een grote wok tot hij rookt. Frituur de aubergines ongeveer 3-4 minuten in de olie (vaak gaat dit het best in twee porties) en haal ze dan met een schuimspaan uit de olie. Laat ze uitlekken op keukenpapier.

Giet de overtollige olie in een pot en laat ongeveer 1 eetlepel in de wok. Doe de sweet chili, de knoflook, de witte stukjes van de lente-ui en de gember in de olie. Bak enkele seconden zodat de olie gaat smaken naar de ingrediënten. Voeg dan de sojasaus, de rijstwijn of droge sherry, het sap van 1 citroen en de aubergine toe en roerbak het geheel nog even flink samen (ongeveer 1-2 minuten, blijf steeds roeren). Voeg tot slot de groene stukjes van de lente-ui en de sesamolie toe. Serveer meteen.

# Sobanoedel maaltijdsalade

Een groen plaatje, deze salade met tuinerwten, broccoli, groene asperges, Japanse noedels en zeewier. Serveer hem ook eens als frisse zomerlunch, bij een buffet of barbecue.

**Voor 4-5 personen**
**Bereidingstijd: 15 minuten**

250 gr sobanoedels (bijv. Yomogi Soba of andere boekweitnoedels)
1 stronk broccoli
1 handje instant wakame zeewier (zakje, gedroogd, in het Japanse schap of natuurvoedingswinkel)
1 bosje groene asperges
1 handje tuinerwten (diepvries)
1 grote of 2 kleine lente-uitjes
1 teentje knoflook uit de knijper
1 eetl. donkere sesamolie
4 eetl. zonnebloemolie
6 eetl. rijst- of sherryazijn
2 theel. suiker
4-5 eetl. gehakte koriander
2 eetl. sesamzaad

Kook de noedels in ruim, gezouten water in 5 minuten gaar. Giet ze af in een vergiet en spoel ze even na met koud water.

Verdeel, terwijl de noedels koken, de broccoli in roosjes en kook ze in een laagje water samen met het zeewier 3 minuten. Snijd de asperges in niet te kleine stukken (laat de punten heel), voeg ze toe en kook nog 2 minuten. Voeg de tuinerwten toe, schep even om en zet de warmtebron uit (de erwtjes moeten rauw blijven). Giet de groenten af (bewaar het kookvocht voor een noedelsoepje morgen).

Hussel in een brede schaal voorzichtig de noedels en de groenten door elkaar. Snijd de lente-ui in dunne ringetjes en doe deze erbij. Klop de knoflook, de olie, de azijn en de suiker in een kommetje door elkaar, giet het mengsel over de noedels en schep alles luchtig door. De salade wint aan smaak als je de smaken 10 minuten laat intrekken. Strooi de koriander en de sesamzaadjes over de groenteschotel en serveer meteen of bewaar tot gebruik in de koeling.

# Couscoussalade met salsa verde

Het geheim van een lekkere couscous: doe 1 blokje bouillon, 1 eetlepel komijn- en 1 eetlepel korianderpoeder plus een miniem snufje kaneel bij het kookwater. In het recept bij de kikkererwtenfondue is een eenvoudige couscous beschreven met zongedroogde tomaat en een handje verse, gehakte peterselie erdoor. Deze couscous is prachtig 'plantaardig' van kleur en zo smaakt hij ook. Met de reuzenbonen is het een prima maaltijdsalade voor warme dagen. Geef er de gegrilde groenten uit de oven bij (pag. 47) of maak gestoomde groenten, zoals beschreven in het kader, als je weinig tijd hebt. Op olie kun je de salsa verde nog zeker 3 dagen goed houden.

**Voor 5-6 personen**
**Bereidingstijd: 10-15 minuten**

1 blokje tuinkruidenbouillon
1 eetl. komijnpoeder
1 eetl. korianderpoeder
1 kleine mespunt kaneel
400 gr couscous
1 blik (witte) reuzen boterbonen, uitgelekt

Voor de salsa verde:
1 bosje basilicum
1 bosje peterselie
2-3 teentjes knoflook
2 bosuitjes, in stukken
1 flinke eetl. kappertjes
1 eetl. mosterd (bijv. dijon)
1 eetl. witte balsamico of andere witte azijn van goede kwaliteit
6-8 eetl. olijfolie extra vergine, koud geperst

Doe 400 milliliter water in een pan, los het bouillonblokje op en breng dit samen met de kruiden aan de kook. Zet het vuur uit zodra het water kookt. Voeg de couscous toe. Roer alles even om en leg het deksel op de pan. De couscous moet 5 minuten wellen.

Maak ondertussen de salsa verde: pureer alle ingrediënten in de blender, de keukenmachine of met de staafmixer. Roer de kruidenpuree door de warme couscous. Schep de bonen er luchtig door.

## Pasta presto

Je zult zeker groene saus overhouden: roer hem morgen door de pasta en geef er een lekkere berg gestoomde groenten bij. Een goede combi zijn broccoli, peultjes en/of sugar snaps en grote tuinerwten of gedopte en ontvelde tuinbonen. Doe er een scheutje goede olijfolie over en een snufje kruidenzout en 'buon appetito'.

## Tip

Deze couscoussalade past ook heel goed als bijgerecht bij de Pompoen á la Marokko van pag. 92.

# Kikkererwtenfondue met groenten

Een prima doordeweekse maaltijd om de dag van je af te schudden en even samen gezellig te prikken uit één pot. Het recept wint sterk aan smaak als je de moeite neemt de kikkererwten zelf te weken en te koken, maar zorg dan wel voor een goede (weekend)planning: op zaterdag zet je de boel 's middags in de week en de volgende dag kook je de kikkererwten met een laurierblaadje in 90 minuten gaar.

Deze fondue is heerlijk met de couscous van pag. 76.

Voor 5-6 personen
Bereidingstijd: 20 minuten met al gekookte
                kikkererwten

4 wortels
1 grote stronk broccoli
1 rode paprika
2 theel. komijnpoeder
½ theel. kaneel
2 theel. kurkumapoeder (geelwortel)
2 blikken biologische kikkererwten (uitlekgewicht
    240 gr) of 500 gr kikkererwten, inclusief
    kookvocht
2 teentjes knoflook uit de knijper
4 eetl. extra vergine olijfolie of 2 eetl.
    pompoenpitolie en 2 eetl. olijfolie
1 eetl. korianderzaadjes
1 eetl. komijnpoeder (of komijnzaadjes)
1 eetl. za'atar (optioneel)
2 eetl. versgeperst citroensap
(kruiden)zout en versgemalen peper
paar takjes verse koriander

Snijd de wortels in schuine blokjes van ongeveer 1 centimeter en kook ze 5 minuten in een laagje water. Snijd ondertussen de broccoli in roosjes. Vergeet niet de broccolistam (supergezond) in stukjes van 1 centimeter te snijden. Stamp de korianderzaadjes in de vijzel fijn en voeg samen met komijn, kurkuma, kaneel en eventueel za'atar toe aan de kikkererwten. Roer de citroensap gedeeltelijk of helemaal erbij. Voeg de broccoli bij de wortels en kook ze nog 3 minuten beetgaar. Snijd de paprika doormidden, verwijder met je vingers de steel en de pitjes en snijd de helften in brede repen en vervolgens in schuine, niet te kleine ruitvormige stukken. Stoom de paprika eventueel nog even mee met de andere groenten, maar gewoon rauw erbij is ook lekker.

Doe de inhoud van 1 blik kikkererwten inclusief vocht in de fonduepan. Laat de andere kikkererwten uitlekken en doe deze erbij. Voeg de knoflook en de olie toe. Stamp de korianderzaadjes samen met de komijn en eventueel de za'atar in een vijzel fijn en voeg dit samen met het citroensap toe aan de kikkererwten. Pureer alles met de staafmixer glad. Proef de kikkererwtenpuree en voeg naar smaak nog wat citroensap en/of zout en peper toe.

Laatste hand: zet de fonduepan op het vuur en verwarm de kikkererwtenpuree. Snijd de koriander heel fijn en strooi deze over de fondue. Doe alle groenten in een grote schaal, zet de fondue op de fonduebrander en eet meteen.

# Couscous

Voor 5-6 personen
Bereidingstijd: 15-20 minuten

1 blokje tuinkruidenbouillon
4-5 zongedroogde tomaten
1 eetl. komijnpoeder
1 eetl. korianderpoeder
1 kleine mespunt kaneel
400 gr couscous
4 takjes verse peterselie

Doe 400 milliliter water in een pan, los het
bouillonblokje op en breng dit aan de kook. Snijd
de zongedroogde tomaten in kleine stukjes en voeg
samen met de overige ingrediënten (behalve de
peterselie) toe aan de bouillon. Roer alles even om, leg
het deksel op de pan en zet het vuur uit. De couscous
moet 5 minuten wellen. Hak de peterselie en roer deze
door de couscous.

## Veelzijdig kruidje

Als je eraan kunt komen, gebruik dan za'atar,
een heerlijk kruidenmengsel uit het Midden-
Oosten dat bestaat uit oregano, tijm, zure besjes
en sesamzaad. Je koopt za'atar bij de betere
supermarkt of de Turkse/Marokkaanse winkel.
Tip: meng wat za'atar door olijfolie en serveer
dit vooraf om Turks brood of stokbrood in te
dippen.

# Groente-tofoespiesjes met zeewiermayo

Eet de spiesjes met rijst of schep de mayo door noedels. Onze favoriet is instant wakame: deze zeewier geeft je saus ook nog een mooie groene kleur.

Voor 4 personen
Bereidingstijd: 20-25 minuten

basmatirijst of sobanoedels
200 gr tamari- of rooktofoe
1 courgette
1 prei
100 gr kleine shii-takes
150 gr sugar snaps
wokolie

Voor de zeewiermayo:
1 handje instant wakame (of hijiki of arame)
2 eetl. donkere sesamolie en 1 eetl. neutrale olie
   (druivenpit- of arachideolie)
1 eetl. rijstazijn
½ eetl. sojasaus

Zet de grill aan.

Week het zeewier 5 minuten in een kommetje met lauw water.

Zet ondertussen alvast het water op voor de basmatirijst of de noedels en kook deze volgens de aanwijzingen op de verpakking.

Snijd de tamari- of rooktofoe in plakken en daarna doormidden. Snijd de courgette in niet te dunne plakjes. Doe hetzelfde met de prei. Rijg alle groenten en tofoeblokjes om en om aan bamboespiesjes. Leg ze naast elkaar in een braadslede, besprenkel ze met wat sojasaus, kwast ze in met (wok)olie en zet de braadslede onder de voorverwarmde grill. Keer de spiesjes na 5 minuten om en gril ze nog eens 5 minuten.

Pureer met de staafmixer of in de keukenmachine de zeewier met 2 eetlepels van het weekwater (bewaar de rest van het weekvocht), de olie, de azijn en de sojasaus tot een romige saus.

Leg een schep rijst of sobanoedels op elk bord en daarop een of twee spiesjes. Giet er een streep saus over en serveer meteen.

## Rauwkostdip met zeewiermayo

Deze romige saus is ook ideaal om rauwkost in te dippen. Snijd wortels en komkommer in lange repen. Snijd stukken bleekselderijstengels doormidden en paprika in de lengte in brede repen. Steek een prikkertje in cherrytomaatjes. Ook mooi en lekker: groene aspergepunten (zelf probeer ik erop te letten Hollandse of Italiaanse te kopen, niet de asperges van uitgebuite Peruaanse boeren). Verdeel alle groenten per soort over glaasjes, zet ze op een groot rond blad of bord en serveer het kommetje dipsaus erbij.

# Groentetajine

Voor 4-6 personen
Bereidingstijd: 25 minuten

1 pak gezeefde tomaten of 5 verse pomodori of
   trostomaten
3 rode uien
3-4 eetl. olijfolie
2 teentjes knoflook
1 cm verse gember
1 eetl. korianderkorrels
2 theel. komijnpoeder
3 theel. kurkuma
mespuntje kaneel of koekkruiden
½ flespompoen
1 venkel
100 gr gedroogde abrikozen
   (of een mix van abrikozen en dadels)
1 blikje kikkererwten
½ blokje groente- of peterseliebouillon
1 stronk broccoli
verse koriander (optioneel)

Ga je voor gezond? Kies dan voor deze tajine
eens voor gierst in plaats van couscous.
Het is een voedzaam oergraan dat maar
15 minuten hoeft te koken. Je koopt het bij de
natuurvoedingswinkel.

Als je verse tomaten gebruikt: breng een grote pan
water aan de kook, voeg de tomaten toe, doe de
warmtebron uit, spoel de tomaten na 1 minuutje
wachten met koud water af en ontvel ze.

Pel en snipper de uien. Verwarm in een tajine of
braadpan op de laagste vuurstand de olijfolie en
voeg de ui toe. Knijp de knoflook erboven uit en rasp
de gember erbij. Stamp de korianderkorrels in een
vijzel fijn en roer ze samen met de andere gedroogde
kruiden door het uimengsel. Leg het deksel op de pan
en schil de pompoen, verwijder het hooi en snijd hem
in blokken. Snijd de venkel door de helft en daarna in
parten. Doe de stukken in de pan en fruit ze onder af
en toe roeren op zacht vuur zeker 4 minuten.

Snijd de tomaat in vieren of gebruik de gezeefde
tomaten en voeg ze samen met de abrikozen, de
(uitgelekte) kikkererwten, 200 milliliter kokend water en
het halve bouillonblokje bij de venkel. Snijd de broccoli
in roosjes, voeg deze toe en laat het geheel pruttelen
tot de groenten beetgaar zijn.

Serveren: hak een paar takjes verse koriander en strooi
ze over de schotel.

# Grieks stoofpotje met tomaat, artisjokhart en dille

Een lekker 'boers' gerecht dat zijn oorsprong vindt in de Griekse keuken. Venkel en dille zijn boezemvrienden, vandaar dat ze zich gebroederlijk ophouden in dit gerecht. Wees vooral niet zuinig met de verse dille!

Voor 4-5 personen
Bereidingstijd: 30 minuten

6 lente-uien
4 eetl. olijfolie (meer mag ook)
1 theel. oregano of bonenkruid
1 venkel
4-5 aardappels (of meer als je grote eters hebt)
400 gr (1 pak of blik) gepelde tomaten
½ blokje groentebouillon
300 gr tuinerwten (diepvries)
1 blik artisjokharten (liefst op olie)
bosje verse dille
(4-seizoenen)peper uit de molen

Snijd de lente-uien in ringen. Verhit de olijfolie in een braadpan en voeg de lente-ui en de oregano of het bonenkruid toe. Snijd het kapje en het groen van de venkel (bewaar het groen), snijd hem in niet te dunne plakken en dan doormidden. Voeg de venkel bij de lente-ui en smoor 3-5 minuten onder af en toe roeren.

Schil ondertussen de aardappels en snijd ze in de lengte doormidden en daarna in niet te grote parten. Voeg de aardappels samen met de tomaten en het halve bouillonblokje bij de lente-ui en draai het vuur hoog. Zet het vuur lager als het tomatenmengsel kookt. Doe het deksel op de pan en laat het geheel nog 10 minuten pruttelen of tot de aardappels beetgaar zijn. Voeg de tuinerwten toe en kook ze mee. Laat de artisjokharten goed uitlekken (spoel ze even onder koud, stromend water als ze niet in olie zijn gelegd en dep ze droog in een schone theedoek). Snijd ze in vieren en voeg ze toe aan de stoofpot. Laat ze nog 5-10 minuten meestoven.

Haal de pan van het vuur. Hak de dille fijn en roer samen met wat peper door de stoofpot. Serveer meteen.

# Penne met avocado, erwten en zeekraal

Koken is experimenteren en zoeken naar de ideale combinatie van zoet, zout, zuur en bitter. Dat zeggen de meeste chef-koks tenminste. Dit is het eerste recept dat voor *Puur plantaardig* ontstond. Een turbogerecht met een zacht romige saus. De zeekraal geeft deze pasta precies het verrassende 'zoutje' en de 'beet' die je wilt.

Voor 4-5 personen
Bereidingstijd: 15 minuten

400-500 gr buisjespasta
9 eetl. pijnboompitten
400 gr tuinerwten
2 avocado's
100 gr waterkers
2 teentjes knoflook
1 eetl. limoen- of citroensap
4 eetl. olijfolie, extra vergine, liefst koudgeperst
kruidenzout en 4-seizoenenpeper
4 eetl. zeekraal (of zo veel je wilt, ter garnering)

Kook de pasta in ruim gezouten water in 11 minuten al dente, of volgens de aanwijzingen op de verpakking, en giet de pasta af. Rooster ondertussen de pijnboompitten in de koekenpan licht goudbruin.

Breng een klein laagje water aan de kook en kook hierin de erwten in 1 minuut. Giet ze af. Schil de avocado's en verwijder de pit. Maal de avocado's samen met 6 eetlepels pijnboompitten, de erwten, de waterkers, de knoflook uit de knijper, het limoen- of citroensap en de olijfolie fijn in de keukenmachine of met de staafmixer. Maal alles niet te fijn, de textuur moet korrelig blijven. Breng de saus op smaak met zout en peper.

Meng de pasta en de dikke groene saus met een grote lepel en schep alles goed door elkaar. Verwarm de pastaschotel eventueel nog even (mag ook lauw blijven). Steek hier en daar wat zeekraal erin, strooi de rest van de pijnboompitten erover en serveer meteen.

# Tempeh bacon

De smaak van bacon wordt meer bepaald door zout en rook dan door het vlees waar het van gemaakt is. Deze tempeh bacon maak je gemakkelijk zelf en is te combineren met elke Hollandse stamppot (boerenkool, zuurkool, hutspot). Je hebt er wel vloeibare rook voor nodig (makkelijk te krijgen via internet, zie www.devegetarier.nl). Klinkt dat raar? Valt mee, het is een natuurlijk product. Vloeibare rook wordt gemaakt door condensatie van rook. De verkregen substantie wordt daarna ontdaan van verontreinigde stoffen. Tot slot wordt het resultaat verdund met water.

Voor 5-6 personen
Bereidingstijd: 30 minuten
(incl. 15 minuten wachten)

1 blok tempeh
sojasaus
1 eetl. vloeibare rook
250 cl olie om in te bakken

Snijd de tempeh in kleine blokjes. Stoom de blokjes ongeveer 10 minuten in een stoompan (of in een metalen vergiet boven een pan met water). Dit verbetert de smaak van de tempeh.

Doe vervolgens een laagje sojasaus in een schaal en vul dit aan met 1 eetlepel vloeibare rook. Meng goed door elkaar. Doe de gestoomde tempeh erbij en laat deze 15 minuten intrekken (roer af en toe zodat alle hoekjes geraakt worden).

Verhit ondertussen de olie in een diepe koekenpan of braadpan. Bak de tempeh knapperig in de hete olie. Blijf roeren, want het bakt snel aan. Haal de tempehstukjes eruit als ze mooi bruin en knapperig zijn en laat ze uitlekken op wat keukenpapier.

# Gekonfijte asperges

Eigenlijk is er niks lekkerder dan asperges, en aan de beste asperges moet je helemaal niks doen. Gewoon dik schillen en zo puur mogelijk houden. Door onderstaande bereidingswijze blijft de aspergesmaak nog beter behouden. Door asperges in water te koken gaat veel smaak verloren (daarom kun je van het kookvocht ook zo goed soep maken). De olie die we in dit recept gebruiken, sluit het vocht op in de asperge zelf, met een smaakexplosie als gevolg. Je hebt zelfs (bijna) geen zout nodig! Om het verhaal ook voor vegans 'af' te maken hebben we Brassica toegevoegd. Een ware ontdekking! Culinaire koolzaadolie (verkrijgbaar bij de natuurvoedingswinkel of via internet) met absoluut de smaak van roomboter. Een nieuwe aardappel erbij en smullen maar!

Waarschuwing: dit recept duurt bij aanvang even lang als gewoon asperges koken, maar de extra tijd is vooral oventijd. Dan kun je zelf even lekker de krant lezen of een glaasje nemen.

Voor 4 personen
Bereidingstijd: 15-20 minuten
+ 60 minuten oventijd

2 kg asperges
2 l lichte olijfolie of zonnebloemolie
  (mag de goedkope variant zijn)
Brassica
aardappels

Verwarm de oven op 90 °C (niet heter!).

Schil de asperges dik: niks zo erg als rotanstoelen eten. Leg ze stijf naast elkaar in een ovenschotel. Vul vervolgens de ovenschotel met de olie tot de asperges helemaal onder staan. Zet vervolgens de schaal in de voorverwarmde oven en laat de asperges in 60 minuten gaar stoven. Prik er met een vork in om te controleren of ze goed zijn (ze mogen niet te hard meer zijn, maar ook zeker niet helemaal slap).

Kook ondertussen eventueel de aardappels zoals je gewend bent.

Laat de asperges goed uitlekken op keukenpapier. Door de hitte zal de olie goed wegvloeien en zullen de asperges beslist niet vet smaken. De olie zal licht naar asperges smaken: gewoon bewaren gedurende het asperge-seizoen tot de volgende keer.

Serveer meteen en voeg naar smaak Brassica toe.

# Japanse risotto

Volgens de regels der kunst mag dit misschien geen risotto heten, maar dat mag de pret niet drukken. Bijzonder is de wat vissige smaak (door het gebruik van nori). Heerlijk met een zeewiersalade en komkommer!

Voor 4 personen
Bereidingstijd: 25 minuten

2 theel. olie
1 ui, fijn gehakt
2 teentjes knoflook, fijn gehakt
1 theel. gember
2 dessertl. verse koriander, fijn gehakt
½ blok stevige tofoe
1 aubergine, in stukken, niet geschild
zout
400 gr arborio (risotto)rijst
30 gr gedroogde Chinese paddenstoelen,
    in stukjes en geweekt (10 min)
sojasaus
rijstazijn
500 ml groentebouillon
sesamolie
2 bladen nori (zeewier), in stukjes van
    2 x 2 cm gescheurd

Verwarm de olie en fruit de ui tot hij glazig is. Voeg dan de knoflook, de gember en driekwart van de koriander toe. Doe de tofoe en de aubergine erbij en roerbak op hoog vuur tot ze bruin zijn. Breng het geheel op smaak met zout. Voeg de rijst toe, zorg dat de olie goed over de rijst verdeeld raakt. Voeg dan de paddenstoelen toe (inclusief het water waarin ze geweekt zijn) samen met een flinke scheut rijstazijn en een flinke scheut sojasaus. Voeg de bouillon toe, en extra water indien nodig. Zorg ervoor dat de rijst ruim 2 centimeter onder water staat. Dek de pan af en draai het vuur zacht. Blijf af en toe roeren. Als de rijst zacht is, roer dan tot de meeste vloeistof is geabsorbeerd. Voeg een scheutje sesamolie en de nori toe. Serveer met de rest van de verse koriander.

# Mediterraans stamppotje

Geroosterde groenten geven een geheel andere sensatie dan gekookte groenten. Natuurlijk lekker op een vegetarische barbecue, maar ook in een hartig stamppotje.

**Voor 4-5 personen**
**Bereidingstijd: 25-30 minuten**

1 kg geschilde aardappels
zout
1 grote ui, in dunne plakken
2 rode paprika's, in stukken
1 gele paprika, in stukken
1 groene paprika, in stukken
1 courgette, in plakken van ½ cm
1 aubergine, in plakken van ½ cm
4 tomaten, in stukken gesneden
1 teentje knoflook, zeer fijn gehakt
olijfolie
diverse kruiden: snufje tijm, oregano, basilicum
sojamelk
2 volkoren beschuiten

Verwarm de grill van de oven voor op 200 °C.

Zet de aardappels op met water en naar smaak zout en kook ze gaar.

Verdeel alle groenten over een grote platte ovenschaal, strooi de knoflook erover en besprenkel de groenten rijkelijk met olijfolie. Strooi de kruiden ook over de verschillende groenten. Zet de ovenschaal 10 minuten onder de voorverwarmde grill tot er kleine zwarte randjes verschijnen.

Maak intussen van de aardappels een luchtige puree met behulp van een scheutje sojamelk. Doe alle groenten in een normale ovenschaal, dek ze af met de puree en bestrooi de schotel met kruim van de 2 beschuiten. Zet het geheel nog heel even onder de grill (5 minuten) en serveer meteen.

# Oriëntaalse doperwten

Voor 4-6 personen
Bereidingstijd: 20 minuten

4 eetl. olijfolie
1 theel. komijnzaad
1 gesnipperde sjalot
1 ui, in plakken
1 teentje knoflook, fijn gehakt
1 eetl. gember, fijn gehakt
1 groene paprika, zaden verwijderd, in stukjes
12 tomaten, in stukjes
1 theel. gemalen koriander
1 theel. kerriepoeder
1 zakje anijssuiker
1 eetl. verse munt, gehakt
2 eetl. verse peterselie, gehakt
400 gr doperwten (liefst diepvries, maar pot/blikje
   kan ook)
2 eetl. Brassica
200 gr cashewnoten
zout en peper naar smaak

Verhit de olijfolie en voeg het komijnzaad, de sjalot, de ui en de knoflook toe en bak tot ze licht gekleurd zijn. Voeg de gember en de paprika toe en bak 1 minuut mee. Doe de tomaten, de koriander, de kerriepoeder, de suiker en de helft van de verse kruiden erbij. Bak 15 minuten, deels afgedekt, en roer af en toe.

Pureer vervolgens het mengsel in de blender, zet het terug op het vuur en voeg de erwtjes toe en kook ze 5 minuten op een laag vuur. Haal de pan van het vuur, laat het mengsel 10 minuten afkoelen en roer dan de Brassica erdoor. Voeg de cashewnoten en de kruiden toe en breng het geheel op smaak met zout en peper. Serveer meteen. Lekker met basmatirijst.

# Pastei van asperges en olijven

Een bewerking van een bekend Braziliaans recept: daar wordt het gemaakt met palmhart (is meteen een mooie variatie), maar met Hollandse asperges is het ook een feest. De Brassica (makkelijk te krijgen via internet, zie www.devegetarier.nl) maakt de bechamelsaus lekker romig.

**Voor 5-6 personen**
**Bereidingstijd: 40 minuten + 40 minuten oventijd**

**Voor het deeg:**
300 gr bloem
200 gr margarine
  (uit een kuipje, die is al lekker zacht)
2 dessertl. koud water
zout

**Voor de saus:**
Brassica
4 eetl. bloem
zout
200 ml sojamelk

**Voor de vulling:**
2 uien, fijn gesnipperd
300 gr asperges uit pot of blik, uitgelekt
150 gr ontpitte groene olijven, uitgelekt
(kruiden)zout en (4-seizoenen)peper
1 eetl. verse peterselie, fijn gehakt

Verwarm de oven voor op 200 ºC.

Maak eerst het deeg: meng hiervoor de ingrediënten vlot met de hand door elkaar tot er een samenhangen-de bal deeg ontstaat. Verpak het deeg in plastic folie en laat minstens 15 minuten rusten in de koelkast.

Maak terwijl het deeg rust de bechamelsaus: vul een steelpannetje met een laagje Brassica (0,5 centimeter) en voeg 4 flinke eetlepels bloem en een flinke snuf zout toe. Verwarm dit op een zacht vuur en roer goed door elkaar tot het een samenhangend geheel is. Voeg nu steeds een beetje sojamelk toe (in totaal 200 milliliter). Blijf goed roeren met een garde zodat er een mooi glad papje ontstaat. Verwarm de bechamelsaus enkele minuten op een zacht vuur zodat hij wat dikker wordt.

Maak tot slot de vulling: fruit de gesnipperde uien tot ze glazig zijn. Voeg dan de asperges en de olijven toe en bak ze even mee. Doe de bechamelsaus bij de vulling en bak alles nog even een paar minuten door. Breng het geheel op smaak met zout en peper en de verse peterselie.

Je kunt een grote pastei maken in een ovenschaal, maar leuker (en lekkerder) is voor iedereen apart een pasteitje te maken in een klein ovenschaaltje. Rol het deeg uit op een met bloem bestoven werkblad. Gebruik ongeveer tweederde deel voor de onderkant en de zijkant: snijd de vorm van de schaaltjes ruim uit het deeg en vouw het deeg in het (ingevette) schaaltje. Rol de rest van het deeg uit en snijd daaruit de bovenkanten. Het deeg kan een beetje krimpen, dus ga ruim te werk. Druk de stukken deeg goed tegen elkaar aan met een vork.

Zet de pastei(tjes) ruim 40 minuten in de voorverwarmde oven.

# Pompoen à la Marokko

Dit is een heerlijk recept voor 4 personen. Omdat er veel halve blikjes en een halve pompoen in gaan, maak ik altijd de dubbele hoeveelheid en vries ik de helft in. Altijd handig voor als je eens laat thuis bent (wel 's ochtends al uit de vriezer halen of de kinderen op tijd instrueren).

Voor 4 personen
Bereidingstijd: 10 minuten + 25 minuten stooftijd

½ biologische pompoen (van ca. 1,2 kg)
1 eetl. olijfolie
½ ui, gesnipperd
2 teentjes knoflook, fijngesneden of geperst
½ courgette, in stukken
2 rode paprika's, in stukken
½ blik kikkererwten (à 400 gr)
½ blik tomatenblokjes (à 400 gr)
½ kaneelstokje
2 theel. gemalen komijn
125 ml groentebouillon
(kruiden)zout en (4-seizoenen)peper
½ bakje verse koriander (à 15 gr), niet al te fijn
   gehakt

Snijd de pompoen in stukken, verwijder de zaden en de draderige binnenkant. Verwijder ook de schil. Snijd het vruchtvlees in blokjes van 2-3 centimeter.

Verwarm de olie in een ruime pan en fruit de ui en de knoflook 1 minuut. Voeg de pompoenblokjes, de courgette, de paprika, de kikkererwten, de tomatenblokjes, het kaneelstokje en de komijn toe. Schep alles om en schenk de bouillon erbij. Breng het geheel aan de kook. Zet het vuur laag en laat de groenten met het deksel schuin op de pan in 25 minuten gaar stoven. Schep het gerecht zo nu en dan om. Verwijder aan het einde van de stooftijd het kaneelstokje.

Breng het gerecht op smaak met zout en peper en bestrooi met de koriander.

De Pompoen à la Marokko is heerlijk met de couscoussalade met salsa verde van pag. 72.

# Snelle lauwe pasta met zongedroogde tomaten

Voor 4-5 personen
Bereidingstijd: 12 minuten (met droge pasta)

500 gr gram penne
zout
3 teentjes knoflook, uitgeperst
½ blok stevige tofoe
½ kop pijnboompitten, geroosterd
¾ kop zongedroogde tomaten in olie, uitgelekt en
   gehakt
3 eetl. goede olijfolie
2 handjes verse rucola, gewassen
versgemalen peper

Kook de penne in ruim water met zout volgens de
aanwijzingen op de verpakking.

Maak ondertussen de saus. Doe de uitgeperste
knoflook in een grote schaal. Pureer de tofoe in de
schaal (met een vork gaat dat prima) en roer hem
goed door de knoflook. Voeg de pijnboompitten, de
zongedroogde tomaten, de olie en de rucola toe.
Meng de ingrediënten goed. Voeg naar smaak zout en
versgemalen peper toe.

Giet de pasta af en voeg deze toe aan de grote kom.
Serveer meteen.

Je kunt in plaats van de pijnboompitten ook
bijvoorbeeld walnoten gebruiken, en in plaats van de
rucola vers basilicum.

# Oosterse zeegroenteschotel

Een zakje gedroogd zeewier is altijd handig in je
voorraadkast. De instant variant hoef je niet voor te
weken, maar kun je zó meekoken. Als je niet zo van de
bleekselderij bent, maar wel in voor andere, Japanse
smaken, probeer dan dit eens. Sappig, zoutig en
troostrijk eten.

Voor 4 personen
Bereidingstijd: 20 minuten

2-3 bosuitjes
2 eetl. wok- of andere neutrale olie
   (rijst-, mais- of druivenpitolie)
1 teentje knoflook
stukje verse gember
3-4 stengels bleekselderij
50 ml groentebouillon
1 handje instant hijiki zeewier
   (droge vorm, zakje natuurvoedingswinkel)
2 eetl. donkere sesamolie
2 eetl. sojasaus
1-2 eetl. sesamzaadjes
gekookte bruine rijst of noedels

Snijd de bosuitjes in ringetjes. Verhit de olie in de
wok, knijp de knoflook erboven uit, rasp de gember
erboven (ongeveer 1 afgestreken eetlepel), voeg de
uienringetjes toe en fruit zachtjes. Snijd ondertussen
de bleekselderij in stukken van 5-10 centimeter, voeg
toe en roerbak alles ongeveer 4 minuten. Voeg de
bouillon, het zeewier en de sesamolie toe en laat nog
een paar minuten sudderen. Roer pas op het laatst
de sojasaus door en haal de wok van de hittebron.
Rooster in een droge koekenpan de sesamzaadjes,
strooi ze over de schotel en serveer met de rijst of
gekookte noedels.

# Thaise kokoscurry-noedelsoep

Het klinkt misschien een beetje lui, maar ik heb een broertje dood aan de textuur van citroengras. Hoe fijn ik het ook snijd, je komt de harde stukjes altijd weer tegen. Vandaar het gebruik van poeder in dit recept. Omdat niet iedereen om de hoek een toko heeft, staan ze er niet bij, maar investeer vooral in een doosje limoenblaadjes (vriesvak). Kneus en kook twee of drie blaadjes mee en je hebt een dijk van een maaltijdsoep.

Voor 4-5 personen
Bereidingstijd: 15 minuten

3 eetl. olie (arachide- of wokolie)
1 teentje knoflook
3 bosuitjes
½ verse rode peper, zaadjes verwijderd
1 eetl. kerriepoeder
1 theel. citroengraspoeder
100 gr shiitake-paddenstoelen
400 ml (1 blikje) kokosmelk
2 blokjes groenten- of paddenstoelenbouillon
   (of maak een mix)
300 gr noedels
200-250 gr sugarsnaps of peultjes
1 eetl. citroen- of limoensap
paar takjes verse koriander

Verwarm in een pan met dikke bodem de olie en knijp de knoflook erbovenuit. Snijd de bosui in ringetjes en hak de rode peper zeer fijn. Let op: als je voor de eerste keer werkt met rode peper, voeg dan slechts een theelepel gehakte peper toe, het wordt snel te heet. Fruit zachtjes de bosui met de kerriepoeder en de citroengraspoeder en snijd ondertussen de shiitakes in repen. Voeg ze bij het uimengsel en laat nog een minuut fruiten, zodat de olie de smaken goed kan opnemen. Blus met de kokosmelk, een liter water en de bouillonblokjes en breng de soep samen met de noedels aan de kook. Houd de kooktijd voor de noedels aan en voeg de laatste 2 minuten kooktijd de sugarsnaps of peultjes toe. Voeg naar eigen smaak meer of minder citroen- of limoensap toe, proef! Als je de soep zouter wilt, voeg dan een scheutje sojasaus toe. Garneer de soep met de verse koriander.

*Hoofdstuk 4*

# FEESTJES & VRIENDEN

Een soepje, een taart en een salade zijn een prima basis voor een
feestbuffet, brunch of lunch. En je kunt het zo lekker makkelijk een dag van
tevoren maken. Kijk bij de Salades voor ideeën.
Onze favoriet: de kokosquinoasalade (pag. 33)

# No fish sushi

Juist voor mensen die geen vis eten is 100% plantaardige sushi een openbaring. Je heb de smaak van vis, zonder dat de zeeën worden leeggehaald. En het is echt niet moeilijk, op youtube vind je een keur aan filmpjes die je laten zien hoe je een sushi in elkaar draait. Hierbij onze favorieten!

**Voor 4 personen**
(verdubbel de hoeveelheden voor een party)
**Bereidingstijd: 30 minuten**

500 gr sushi rijst
5 eetl. rijstazijn
10 bladen nori (zeewier)
sojasaus
wasabi
sushimatje

Sushi 1
1 rijpe mango
ingemaakte sushigember, dun gesneden
tuinkers

Sushi 2
avocado, besprenkeld met wat sesamolie
lente-ui
rode paprika

Sushi 3
champignons of andere paddenstoelen
sesamolie
zout
(geroosterde) sesamzaadjes
bleekselderij

Kook de sushirijst exact volgens de aanwijzingen op de verpakking. Besprenkel de rijst als hij klaar is met 5 eetlepels rijstazijn, en verdeel de azijn over de rijst. Laat de rijst in een schaal afkoelen voordat je begint.

Snijd alle ingrediënten in smalle reepjes, verwijder zaadlijsten en pitjes. Bak de champignons eerst even zachtjes in sesamolie in een koekenpan met een klein beetje zout. Laat ze afkoelen.

Leg een blad nori op het sushimatje. Maak je handen nat en verdeel een schep rijst over ongeveer driekwart van de nori. Leg vervolgens over de volle breedte een lijn met de mango en de gember en strooi daar wat tuinkers overheen.

Rol met behulp van het matje de sushi dicht en plak met een beetje koud water het randje vast. Snijd met een scherp mes (maak deze eventueel nat) de sushi in gelijke stukken en zet ze rechtop zodat je de binnenkant ziet. Doe hetzelfde voor de andere sushivarianten.

Serveren: doop de sushi in een beetje sojasaus met eventueel wat wasabi naar smaak.

Je kunt eindeloos variëren met ingrediënten. Nog een paar suggesties: vegetarische tonijn, zeewiersalade (is ook kant-en-klaar te koop bij de betere supermarkt), radijs met wasabimayonaise (roer naar smaak een beetje wasabi door je mayonaise), tofoe, geroosterde aubergine of courgette, wortel, enzovoort.

# Partydrankjes

## Ananas delight

Voor 1 persoon
Bereidingstijd: 5 minuten

ananassap
abrikozensap
2 eetl. witte rum
2 eetl. citroensap
1 eetl. fijn gehakte citroenmelisse

Vul een longdrinkglas voor de helft met ananassap en vul het tot driekwart aan met abrikozensap. Roer de rum, het citroensap en de citroenmelisse erdoor.

**Variatie:** vervang de rum door wodka.

## Abrikozen-notenflip

Voor 1 persoon
Bereidingstijd: 5 minuten

2 eetl. apricot brandy
sap van 1 sinaasappel
abrikozensap
2 eetl. gemalen walnoot
½ abrikoos
½ walnoot

Doe in een ballon- of cognacglas de apricot brandy met het sinaasappelsap en vul het aan met het abrikozensap. Strooi de gemalen walnoot erover. Steek de halve abrikoos aan een cocktailprikker, doe hier de halve walnoot in en leg de prikker op de rand van het glas.

**Variatie:** vervang de brandy door Amaretto likeur.

# Meloen ice-tea met een tic

Voor 2 personen
Bereidingstijd: 10 minuten (+ afkoelen theewater)

2 zakjes hibiscusthee (of zakje van 4 gr
   vruchtenthee)
guave- of andere zoete siroop
1 kleine meloen
sap van 2 sinaasappels
4 eetl. sinaasappellikeur
8 cocktailkersjes

Zet de thee met een halve liter water, laat hem
5 minuten trekken en voeg naar smaak siroop toe.
Laat de thee afkoelen.

Snijd de bovenste kap van de meloen en verwijder de
pitjes. Steek met een meloenbolletjeslepel 8 bolletjes
uit en zet ze even weg. Steek met een mes rondom de
meloenrand driehoekjes uit.

Roer het sinaasappelsap en de likeur door de thee en
giet dit in de meloen. Dek hem af met plastic folie en
zet de meloen 30 minuten in het vriesvak of een tijd in
de koelkast om ijskoud te worden.

Steek op 2 rietjes afwisselend meloenbolletjes en
cocktailkersjes. Zet de rietjes in de meloen en serveer
in zijn geheel. Geef er lepels bij om het vruchtvlees uit
te lepelen.

**Variatie:** vervang de sinaasappellikeur door
meloenlikeur, cherry brandy of bessenjenever.

# Partydrankjes

## Braziliaans aperitief: Caipirinha

## Kiwi-coconut

Voor 1 persoon
Bereidingstijd: 5 minuten

½ limoen
gecrushed ijs
Cachaca-likeur.

Was de limoen, snijd hem doormidden en vervolgens in partjes. Doe de partjes in een glas en stamp ze goed. Voeg veel gecrushed ijs toe en een flinke scheut likeur.

Voor mojito: voeg flink wat muntblaadjes toe.

Voor 1 persoon
Bereidingstijd: 5 minuten

1 kiwi, geschild
1 theel. guave- of andere zoete siroop
½ glas koolzuurhoudend mineraalwater
3 ijsblokjes
2 eetl. kokoslikeur
1 eetl. geraspte kokos

Meng alle ingrediënten in de blender, schenk de shake in een longdrinkglas en garneer met een paar schijfjes kiwi op de rand van het glas.

## Tip

Fancy icecubes voor doorzichtige cocktails: vul de ijsblokjesvorm met koolzuurhoudend mineraalwater en leg in elk vakje muntblaadjes, een vruchtje (bijvoorbeeld een kers) of een bloemetje (bijvoorbeeld borage, bloemetjes van de komkommer).

# Watermeloen gazpacho

Een topper met een spannend zoetje erin. Heerlijk voor een zomers feestje.

Voor 15-20 glaasjes
Bereidingstijd: 15 minuten + koelen
                    (kan dag van tevoren)

½ middelgrote watermeloen
5 grote trostomaten
1 komkommer
200 ml water + 1 kruidenbouillonblokje
1 rode ui (niet te groot)
1 teentje knoflook uit de knijper
2 takjes munt
15 gr (= volle hand) peterselie
15 gr (= volle hand) vers basilicum
1 eetl. milde paprikapoeder
3 eetl. witte balasamico-azijn
2 eetl. chili-olie + scheut olijfolie
(kruiden)zout

Snijd de watermeloen doormidden, leg de ene helft apart en snijd van de andere helft twee parten die je in 15-20 puntjes snijdt. Zorg dat aan elk puntje ook een stukje schil zit. Maak met een mesje een schuine inkeping vlak onder de schil (om de meloen straks makkelijk op de rand van het glas te hangen). Dek de partjes af met plastic folie en zet ze tot gebruik in de koelkast.

Snijd de andere helft van de watermeloen in parten en snijd het vruchtvlees eraf. Snijd de tomaten in vieren. Doe het vruchtvlees met de tomaten en de helft van het water in de blender en pureer het. Hevel het over naar een grote soeppan.

Schil de komkommer en snijd hem in grote stukken. Pel de ui en snijd hem in vieren. Doe ze samen met de rest van de ingrediënten en de rest van het water in de blender en pureer alles tot een gladde soep en voeg dit bij het meloenmengsel. Proef de gazpacho en breng hem op smaak met zout en peper.

Vul de glaasjes met soep, zet ze op een dienblad dat in de koelkast past, dek het af en laat de soep in de koeling door en door koud worden (ten minste 2 uur).

Serveren: hang aan elk glaasje een stukje watermeloen en serveer meteen.

## Voor party-animals

Wil je hem wat wilder? Maak er dan een 'shooter' van, goed voor ongeveer 30 stuks: neem kleinere glaasjes en voeg aan elk glas 1 eetlepel (of scheutje) ijskoude wodka toe. Proef van tevoren wat je een lekkere wodka-gazpacho-verhouding vindt.

# Hartige ui-tomatentaart met noten-kikkererwtencrust

Klinkt gewichtig, maar is een fluitje van een cent. Geen feestje zonder een *good old* quiche wat ons betreft. Als je geen za'atar hebt laat je die gewoon weg. Geen speltmeel? Vervang door een andere meelsoort of zelfrijzend bakmeel.

Voor 1 grote taart
Bereidingstijd: 20 minuten + 40 minuten oventijd

100 gr havermout
100 gr gemengde noten (ongezouten)
100 gr kikkererwtenmeel (natuurvoedingswinkel)
100 gr speltmeel (natuurvoedingswinkel)
(kruiden)zout
125 gr boter
50 ml olijfolie + 4 eetl. extra voor de vulling
4 eetl. water of plantaardige melk
  (soja-, rijst-, haver- of amandelmelk)
2 rode uien en 1 gewone ui
4 grote tomaten
1 eetl. Provençaalse kruiden
1 eetl. za'atar
kruidenzout en (4-seizoenen)peper uit de molen
vers basilicum (optioneel)

Verwarm de oven voor op 180 °C.

Rooster de havermout en de noten in de koekenpan al omscheppend gedurende 2 minuten. Doe het mengsel over in de keukenmachine of blender en maal het fijn. Doe het daarna in een kom met het kikkererwtenmeel, het speltmeel, een snuf zout, de boter, water of plantaardige melk en de olie. Snijd de boter in de kom in stukken en kneed het meel-notenmengsel snel tot een samenhangende bal. Bekleed hiermee een grote ronde of vierkante siliconenvorm of ovenschaal (de laatste even invetten van tevoren).

Snijd de uien in zo dun mogelijke ringen en de tomaten in dunne plakken. Knijp met je handen het vocht uit de tomaten en doe ze samen met de uien in de kom waar je eerder het deeg in maakte. Voeg de 4 eetlepels olijfolie, de gedroogde kruiden en naar smaak zout en peper toe. Meng alles goed door elkaar en voeg het toe aan het meel-notenmengsel. Bak de taart 40 minuten in de voorverwarmde oven en bestrooi hem vlak voor het serveren met basilicumblaadjes.

Wil je geen boter gebruiken? Doe dan in plaats van de combinatie boter-olijfolie 85 milliliter olijfolie en 85 milliliter sojamelk.

# Picknick

## Makkelijke broodjes

Regeren is vooruitzien, dus plan alles goed. Zeker bij mooi weer of na een week hard werken wil je minimale tijd in de keuken doorbrengen. Doe een kneepje limoen- of citroensap bij de Oosterse zeegroenteschotel van de dag ervoor en je hebt een prima salade. Dol op romig? Maak dan de aïoli en fris-romige aardappelsalade (met dezelfde mayo maak je 2 verschillende gerechten).

Kies voor drie of vier gerechten:
- Ontbijtmuffins – ook heerlijk als tussendoortje (pag. 21)
- Puur plantaardige aïoli (met brood) (pag. 109)
- Fris-romige aardappelsalade (pag. 111)
- Groene gazpacho (koude soep in de thermoskan) (pag. 28) of Watermeloen gazpacho (pag. 104)
- Restje gekoelde Oosterse zeegroenteschotel van gisteren (= nu salade) (pag. 94)
- Groene asperges met zongedroogde tomaten (pag. 107)
- Zwarte bonenhummus (pag. 107)
- Armeluiskaviaar (pag. 16)
- Peterseliepesto (pag. 17)
- Eenvoudige couscous (pag. 107)
- Makkelijke broodjes (pag. 106)
- Kokosquinoasalade (pag. 33)

Voor als je eigenlijk geen tijd hebt om te koken en toch wat lekkers wilt meenemen naar het bos of het strand:

Mediterrane sandwiches van in driehoeken gesneden ciabatta (knapperig Italiaans brood), met zwarte bonenhummus (zie pag. 107) en blaadjes radicchio- of andere sla.

Pitabroodjes met falafelballetjes: de balletjes zijn kant-en-klaar te koop (koelvak). Lekker met wat ijsbergsla en een sausje van sojaroom met een uitgeknepen teentje knoflook en een beetje zout.

Ciabatta met plakjes tomaat en peterseliepesto: (pag. 17)

# Groene asperges met zongedroogde tomaten

Voor 4-6 personen
bereidingstijd: 10 minuten

1 bosje groene asperges
8-10 zongedroogde tomaten in olie
(kruiden)zout en (4-seizoenen)peper

Was de asperges, snijd van het onderste gedeelte
0,5 centimeter af en leg ze 3 minuten in kokend water.
Laat de asperges in ijskoud water snel afkoelen. Doe
ze in een afsluitbare huishouddoos en verdeel de in
kleine stukjes gesneden tomaten en olie erover. Breng
het geheel op smaak met verse peper en zout.

## Eenvoudige couscous

Het geheim van een lekkere couscous: doe 1 blokje
bouillon, 1 eetlepel komijnpoeder, 1 eetlepel
korianderpoeder en een miniem snufje kaneel bij het
kookwater. Lekker met stukjes zongedroogde tomaat,
grof gehakte zwarte olijven en een handje verse
gehakte peterselie. Kijk ook op pag. 72 voor het recept
couscoussalade met salsa verde.

# Zwarte bonenhummus

Tegenwoordig kun je ook zwarte bonen in blik krijgen.
Ideaal voor deze snelle bonendip voor op brood en bij
rauwkost. Tahin is te koop bij de natuurvoedingswinkel.
Deze pasta van gemalen sesamzaadjes is ook lekker
op brood met een plukje alfalfa.

Voor 6-8 personen
Bereidingstijd: 5 minuten

1 teentje knoflook
250 gr zwarte bonen
1 eetl. citroensap
2 theel. tahin
1 theel. komijnpoeder
1 theel. milde paprikapoeder
zout en 4-seizoenenpeper
zwarte olijven

Pureer alle ingrediënten (behalve de olijven) met de
staafmixer, in de keukenmachine of in de blender.
Proef het mengsel en voeg eventueel nog wat extra
citroensap toe. Doe de hummus in een afsluitbaar
bakje of presenteer op een mooi mediterraan bord
met nog een scheutje olijfolie erover en decoreer met
olijven.

# De puur plantaardige BBQ

Net als bij een picknick geldt ook bij een geslaagde BBQ: regeren is vooruitzien. Bepaal dus van tevoren wat je wilt gaan maken en bereid zo veel mogelijk voor, zodat je optimaal van de BBQ én het mooie weer kunt genieten!

- Puur plantaardige aïoli (met brood) (pag. 109)
- Gegrilde watermeloen (pag. 110)
- Fris-romige aardappelsalade (pag. 111)
- Kruidige korianderrijst (pag. 61)
- Groente-tofoespiesjes met zeewiermayo (pag. 77)
- Teriyakispiesjes (pag. 64; in plaats van in de oven gril je de spiesjes boven de BBQ)
- Sobanoedel maaltijdsalade (pag. 71; als onderdeel van je BBQ genoeg voor 8-10 personen)
- Couscoussalade met salsa verde (pag. 72)
- Pasta presto (pag. 72)
- Puur plantaardige burger (pag. 56) met knoflook-komkommerdip (pag. 58)
- Gegrilde ananasspiesjes (pag. 72)

- Gazpacho, bijvoorbeeld
  - Groene gazpacho met avocado (pag. 28)
  - Groene rawfood gazpacho (pag. 27)
  - Watermeloen gazpacho (pag. 104)
  - Rode gazpacho (pag. 26)

# Puur plantaardige mayo

Een soort van toveren, dat doe je met dit razendsnelle receptje. Gooi wat olie, sojamelk en smaakmakers bij elkaar, zet de staafmixer erop en voilà, je hebt in 5 seconden al een superromige mayo. Je kunt ook alleen zonnebloemolie gebruiken, maar dat is minder gezond. Let erop dat je olijfolie van goede kwaliteit gebruikt die zo neutraal mogelijk smaakt. Lekker als basis voor de fris-romige aardappelsalade (pag. 111).

Bereidingstijd: 5 minuten

100 ml sojamelk
1 theel. (kruiden)zout
1 theel. mosterd
1 eetl. witte balsamico- of appelazijn
125 ml milde olijfolie
125 ml zonnebloemolie

Doe alle ingrediënten in een hoge mengbeker en pureer met de staafmixer in 5 seconden tot een romige, stevige massa.

# Puur plantaardige aïoli

De typisch Spaanse knoflookdip aïoli maak je in een handomdraai door aan de overgebleven mayo die je voor de aardappelsalade gebruikt, 2-3 teentjes knoflook uit de knijper toe te voegen. Lekker om puntjes Turks brood in te dippen.

## Gepofte knoflookbollen

Snijd een paar hele bollen knoflook horizontaal doormidden, leg ze op aluminiumfolie en besprenkel ze met olijfolie. Vouw de folie om de bollen naar boven en knijp een beetje bij elkaar zodat er een soort schoorsteentje ontstaat. Laat wat langer grillen aan de zijkant van het barbecuerooster (16-20 minuten).

## Gepofte knoflookspiesjes

Pel teentjes knoflook en rijg ze aan houten prikkers. Leg elke prikker op aluminiumfolie, samen met een takje rozemarijn, besprenkel ze met olijfolie en wikkel ze in aluminiumfolie. Gril 8-10 minuten per kant.

# De puur plantaardige BBQ

## Gegrilde watermeloen

Verras iedereen met deze sappige, ja, vlézige steak. Door de hitte droogt de watermeloen enigszins uit en karameliseert het vocht. Ook lekker in blokjes op een salade. Szechuan peperkorrels zijn geweldig van smaak: aromatisch en ondanks de benaming zeker niet pittig. Serveer met de kruidige korianderrijst (pag. 61)

Voor 4-6 personen
Bereidingstijd: 20 minuten

1 eetl. szechuan peperkorrels
   (toko, betere supermarkt)
zout
50 ml olijfolie
1 kleine watermeloen
verse koriander (optioneel)

Wrijf de szechuan korrels in een vijzel fijn en klop ze samen met wat zout door de olie.

Was de watermeloen, snijd hem met schil en al in brede, ronde plakken van ongeveer 5 centimeter dikte en daarna in vieren. Verwijder zo veel mogelijk de pitjes.

Kwast de plakken in met het oliemengsel en gril op de barbecue zoals je gewend bent. Let erop dat het water kan weglopen en de steak enigszins kan 'drogen' op de barbecue. Bestrooi met verse koriander en serveer meteen.

Je zou toch zweren dat er echte mayonaise in deze salade is gebruikt. Wees niet zuinig met de verse kruiden. Je gebruikt niet snel te veel. Heel verse nieuwe aardappels kun je met schil en al koken. Lekker makkelijk én smaakvol.

Deze pakketjes kun je op een minder mooie dag ook in de oven bereiden. Verwarm de oven dan voor op 200 ºC en neem 15 minuten oventijd. Lekker bij basmatirijst en in teriyaki gemarineerde en daarna gebakken of gegrilde rooktofoe.

# Fris-romige aardappelsalade

Voor 4-6 personen
Bereidingstijd: 20 minuten

500 gr nieuwe aardappels (liefst biologisch)
paar takjes munt
zout
125 ml puur plantaardige mayo (pag. 109)
½ limoen (citroen kan ook)
flinke bos verse dille
bosje verse peterselie
flinke hand bieslook
bosje radijsjes
(kruiden)zout en (4-seizoenen)peper uit de molen

Boen de aardappels schoon, snijd ze in blokjes en kook ze met de takjes munt in gezouten water gaar. Giet het water af en schep de fris-romige mayo er luchtig door. Pers de limoen uit en voeg het sap van 1 helft toe. Hak de kruiden fijn en snijd de radijsjes in plakjes. Roer alle ingrediënten door elkaar, proef de salade en breng hem op smaak met zout en peper. Zet de aardappelsalade tot gebruik afgedekt in de koelkast (kan een dag van tevoren).

# Oosterse groentepakketjes

Voor 6 personen
Bereidingstijd: 15 minuten

300 gr peultjes
1 courgette
1 bosje radijsjes
2 lente-uitjes
stukje gember
6 eetl. donkere sesamolie
6 eetl. sherry
6 eetl. sojasaus
plantaardige boter (optioneel)
(4-seizoenen)peper uit de molen

Neem per persoon een vierkant stuk aluminiumfolie, leg de glimmende kant op je werkblad. Maak de peultjes schoon. Snijd de courgette in plakken. Haal het groen van de radijsjes, zorg dat er nog wel een stukje groen aan blijft (staat leuk). Verwijder de wortels van de radijzen. Snijd de lente-ui in ringetjes en rasp de gember. Meng alle ingrediënten (behalve de boter) in een kom. Leg in het midden van elk stukje folie een handje groente. Leg eventueel nog een klontje plantaardige boter erbovenop en vouw de pakketjes dicht. Gril ze 7-10 minuten op de barbecue.

# Hoofdstuk 5

# TOETJES, TAART & ANDER ZOET

# Brownies

Ach ja, over 'de ideale brownies' kun je lang discussiëren. Moeten ze nu luchtig en toch stevig zijn, of juist sappig en smeuïg? Wij gaan voor het laatste. Dat betekent eindeloos experimenteren tot je de perfecte hebt waar echt iedereen – je lief, maar ook je jongste van drie – unaniem enthousiast over is. Oké, er zit suiker in, en je kunt het meel best vervangen door volkorenmeel. Voor de verassend lekkere, verántwoorde brownie verwijzen we je graag naar het recept op pag. 116. Gluten- en suikervrij met... kidneybonen (ja, echt!)

Voor 12 brownies
Bereidingstijd: 10 minuten + 25 minuten oventijd

250 gr pure chocolade
   (cacaogehalte minimaal 70%)
80 ml zonnebloemolie
250 gr donkere basterdsuiker
50 gr tofoe
1 handpeer
60 ml sojamelk
2 zakjes vanillesuiker
250 gr zelfrijzend bakmeel
zout

Verwarm de oven voor op 175 °C.

Breek de chocolade boven een steelpannetje in stukken. Laat op heel zacht vuur smelten en voeg dan de olie, de suiker en de tofoe toe. Haal het pannetje van het vuur. Schil ondertussen de peer in vieren, verwijder het steeltje en het klokhuis en doe hem samen met de sojamelk en de vanillesuiker bij de chocolade. Pureer alles met de staafmixer tot een gladde massa. Voeg het meel en een snufje zout toe aan de chocolade en roer alles tot een homogeen beslag.

Giet de massa in een beboterde, vierkante schaal of siliconenvorm (de laatste hoef je niet in te vetten). Bak 25 minuten in de voorverwarmde oven.

Laat de brownie afkoelen en snijd hem in vierkante blokken.

# Bungeejump brownies

Dit zijn smeuïge brownies, die het midden houden tussen fudge en taart. En dat met alleen goede vetten en suikers. Vertel dit pas nadat je gasten hebben geproefd wat erin zit. Maak je geen zorgen, het is de moeite waard. Kokoscrème en rode kidneybonen zijn het geheim. Ga je toch liever voor klassiek? Probeer dan het vorige brownierecept met verse peer.

Voor 12 brownies
Bereidingstijd: 10 minuten + 25 minuten oventijd

100 gr santen (kokoscrème)
200 gr pure chocolade
    (cacaogehalte minstens 70%)
50 ml agavesiroop of rijststroop
    (of 80-100 gr sucanat)
1 zakje vanillesuiker
    (of 1 theel. vanille-aroma, flesje)
200 gr kidneybonen (uitlekgewicht 125 gr)
    of 120-150 gr spelt- of volkorenmeel
    (of zelfrijzend bakmeel)
1 afgestreken dessertl. bakpoeder
    (niet nodig als je zelfrijzend bakmeel gebruikt)
zout
½ theel. kardemompoeder (optioneel)

Verwarm de oven voor op 170 °C.

Snijd de santen in stukjes boven een steelpannetje. Breek de chocolade en voeg die bij de santen. Laat op het laagste vuur onder af en toe roeren langzaam smelten. Voeg de siroop of stoop, de vanille en de kidneybonen toe en pureer alles met de staafmixer. Doe het meel (als je geen kidneybonen gebruikt), de bakpoeder, het zout en (eventueel) de kardemompoeder erbij en roer alles tot een homogeen beslag.

Stort het beslag in een lage, vierkante schaal en laat 25 minuten garen in de voorverwarmde oven.

Laat de brownie afkoelen en snijd hem in vierkante blokken.

# Aardbeien-basilicumsap

Voor 2 personen
Bereidingstijd: 5 minuten

4 perssinaasappels
8 aardbeien
2 takjes basilicum (alleen de blaadjes)
1 theel. balsamicoazijn
½ eetl. guavesiroop of rijststroop (optioneel, beide
   natuurvoedingswinkel)

Pers de sinaasappels uit. Pureer het sap met de
overige ingrediënten in de blender (kan ook met de
staafmixer). Garneer je sap met een blaadje basilicum
en een halve aardbei op de rand van het glas (snijd de
aardbei tot het kroontje in en schuif hem op de rand).

# Mangosmoothie

Voor 2 personen
Bereidingstijd: 5 minuten

4 perssinaasappels
1 mango
6 eetl. kokosmelk
¼ geraspte schil van 1 limoen
2 stengels citroengras (optioneel)

Pers de sinaasappels uit. Schil de mango en snijd het
vruchtvlees in blokken. Doe de mango samen met
de kokosmelk in de blender, rasp de limoen erbij en
pureer het (kan eventueel ook met de staafmixer).
Serveer de smoothie in hoge glazen met een stengel
citroengras – dit is je roerstaafje.

# Pompoentaart

Deze taart is oorspronkelijk een Caribisch recept. Probeer bij de zuidvruchten een mooie mix te maken van bijvoorbeeld rozijnen, gedroogde abrikozen, dadels, pecannoten, gedroogde cranberries en pruimen. Een makkelijk alternatief is tutti frutti.

**Voor 1 grote taart**
Bereidingstijd: 20 minuten + 45 minuten oventijd

1 oranje pompoen of 1 butternut pompoen
2 eetl. azijn + 2 eetl. wijnsteenzuur bakpoeder
4 eetl. gebroken lijnzaad
500 gr zelfrijzend bakmeel
2 zakjes vanillesuiker
snufje zout
250 gr gehakte zuidvruchten (of tutti frutti)
250 ml soja-, amandel- of rijstmelk
50 ml zonnebloemolie
250 gr bruine basterdsuiker (zie voor ideeën om de suiker te vervangen het recept voor ontbijtmuffins, pag. 21)
6 eetl. koekkruiden

Verwarm de oven voor op 180 °C.

Snijd de pompoen doormidden, verwijder de pitten en het hooi en snijd hem in stukken. Kook de pompoen in een laagje water in 5-10 minuten zacht. Giet het water af en pureer de pompoen met een aardappelstamper.

Roer in een kom de overige ingrediënten, samen met de zuidvruchten en de pompoenpuree tot een stevig beslag.

Stort het beslag in een siliconen bakvorm en bak de taart in ongeveer 45 minuten gaar in de voorverwarmde oven.

## Bakmeel-alternatieven

Heb je een glutenallergie, of wil je experimenteren met andere lekkere soorten meel? Probeer dan eens:

- rijstmeel (glutenvrij)
- maïsmeel (glutenvrij)
- luxe en lekker: $1/3$ amandelmeel en $2/3$ rijstmeel (glutenvrij)

# Romig rumpuddinkje

Een ideaal mini-toetje met een ouderwetse smaak. Wil je grote porties, verdubbel dan gewoon de hoeveelheden.

**Voor 4 kleine glaasjes**
**Bereidingstijd: 10 minuten**

200 ml kokosroom (= half blik)
3 eetl. maïzena
1 zakje vanillesuiker
2 eetl. witte basterdsuiker of poedersuiker
3 eetl. rum
1 handje rozijnen
koekkruiden of kaneel

Doe alle ingrediënten (behalve de koekkruiden of kaneel) in een steelpannetje en roer eerst goed door zodat de maïzena helemaal oplost. Zet dan het pannetje op het vuur, verwarm het geheel en roer voortdurend tot het aan de kook komt. Blijf roeren tot de pudding de dikte heeft die je wenst – 1 minuut is ruim voldoende.

Zet de glaasjes neer, het leukst zijn glaasjes op een hoge voet. Verdeel de pudding over de glazen en bestrooi elk glas met een snufje koekkruiden of kaneel. Serveer warm of koud.

# Hemelse modder (chocolademousse)

Als je opeens een onweerstaanbare zin in chocolade hebt, dan is dit het moment om te zondigen. Pure chocolade, maar zonder suiker en zonder vet! Eigenlijk meer een bonbon in het groot dan een mousse. Een toetje van mijn Brabantse oma, maar dan 100% plantaardig. Het geheime ingrediënt in dit recept is avocado. Deze maakt het geheel heerlijk vettig en romig. Maar maak je geen zorgen, die proef je niet.

Voor 4 personen
Bereidingstijd: 5 minuten (als je geweekte
cranberries gebruikt)

100 gr pure chocolade (cacaogehalte 70%)
½ banaan
2 eetl. gedroogde en voorgewelde cranberries,
    15 minuten geweekt in warm water of 1 minuut
    gekookt in een laagje water
2 eetl. agavesiroop
1 theel. vanille-extract
1 eetrijpe avocado
verse frambozen of aardbeien (optioneel)

Breek de chocolade in stukken boven een steelpannetje en smelt deze op zacht vuur. Haal het pannetje van het vuur zodra de chocolade is gesmolten. Schil de banaan erboven en voeg de (uitgelekte) cranberries, de agavesiroop en het vanille-extract toe. Pureer alles met de staafmixer of in de keukenmachine.

Schil de avocado, ontpit hem en prak hem – terwijl je hem in je hand houdt – met een vork boven het chocolademengsel. Pureer het geheel nogmaals kort met de staafmixer tot een romige massa.

Giet de mousse in kleine kopjes (bijvoorbeeld espressokopjes) en laat de mousse nog wat opstijven in de koelkast (als je geen geduld hebt: 5 minuten in de vriezer). Decoreer de kopjes met frambozen of een aardbei. Snijd een aardbei een aantal keer tot het kroontje in en leg hem als een waaier op de chocolademousse.

# Gevulde perzik, peer of nectarine met amandelspijs uit de oven

Dit recept is onze *all time favourite:* overheerlijk, snel gemaakt en je kunt ermee voor de dag komen bij een etentje. Appel werkt ook goed, maar dan moet je meer geduld hebben met de oven. De hoeveelheden zijn makkelijk te halveren of te verdubbelen: voor 2 personen heb je 1 stuks fruit nodig, voor 4 personen 2 stuks, enzovoort.

Voor 4 personen
Bereidingstijd: 10 minuten + 15 minuten oventijd
            (peren 30-35 minuten, appels
            40-45 minuten)

2 perziken, nectarines, peren of appels
kaneel (optioneel)
½ pakje amandelspijs (optioneel)
4 eetl. Amaretto
4 afgestreken eetl. plantaardige boter

Amandelspijs zelf maken (optioneel):
50 gr poedersuiker
100 gr gemalen amandelen of blanke amandelen
2 druppeltjes citroensap

Verwarm de oven voor op 200 °C.

Was het fruit, snijd de vruchten doormidden en verwijder de pit(jes). Verwijder het klokhuis van een appel met een appelboor. Bestrooi de peer en de appel met kaneel, voor het andere fruit is dit niet nodig. Zet de fruithelften naast elkaar in een ondiepe ovenschaal.

Als je de amandelspijs zelf maakt: doe de suiker, de amandelen en een theelepeltje citroensap aangevuld met water in een kom en pureer dit met de staafmixer tot een dikke pasta. Vorm van de amandelspijs vier balletjes en druk ze in het midden van elk stuk fruit, op zo'n manier dat de randen van het fruit vrij blijven. Bij de appel duw je de amandelspijs in de holte. Sprenkel over elk stuk fruit 1 eetlepel Amaretto. Leg op elk stuk gevuld fruit 1 eetlepel boter en schuif de schaal in de voorverwarmde oven.

Bak de perziken of nectarines in 10-15 minuten geurig en goudbruin. De peer heeft 30-35 minuten nodig en de appel 40-45 minuten of tot die zacht is.

Serveer eventueel met een bolletje sojaroomijs.

Wil je geen suiker voor de spijs gebruiken? Vervang de suiker door rijststroop (natuurvoedingswinkel). Laat dan het water en de citroensap weg.

# Turbotoetje: bosfruit met likeur-vanilleroom

Voor 4-6 personen
Bereidingstijd: 5 minuten

1 bakje frambozen
1 bakje bosbessen
8 blaadjes vers basilicum
1 pakje sojaroom
1 zakje vanillesuiker
2 eetl. bruidstranen of andere likeur
   (bijv. Drambuie)
2 eetl. witte basterdsuiker of poedersuiker

Verdeel het fruit over de dessertbordjes, scheur met je handen confetti van het basilicum en strooi dit over de bordjes. Klop in een kommetje de overige ingrediënten en giet op elk bord (langs de rand) een halve maan.

# Gegrilde ananashelften

Voor 2-4 personen
Bereidingstijd: 10 minuten

1 ananas
1 limoen
2-4 eetl. bruine suiker
10-15 gr plantaardige boter
2-4 eetl. cognac of likeur naar keuze

Zet de grill aan.

Snijd de ananas in de lengte doormidden, zorg dat het groen ook precies middendoor wordt gesneden en eraan blijft. Snijd met een klein, scherp mesje langs de rand van het vruchtvlees tot bijna op de bodem en helemaal rond. Snijd daarna van boven tot onder het hart van de ananas eruit. Steek hiervoor aan de ene kant schuin in en doe dat aan de andere kant ook, zodat je de lange driehoek er makkelijk uit kunt wippen. Snijd in het midden van boven naar beneden tot bijna op de bodem en daarna in de breedte op dezelfde manier, steeds een centimeter verspringend. Wip de ontstane blokjes een beetje omhoog.

Rasp de schil van de limoen boven de twee ananashelften, bestrooi ze met bruine suiker (1-2 eetlepels per helft) en verdeel over elke helft een paar vlokjes boter. Besprenkel de ananas met de cognac en schuif de ananashelften ongeveer 4 minuten onder de voorverwarmde grill.

**Serveertip:** Je kunt de blokjes ananas natuurlijk ook aan spiesjes rijgen en daarna grillen.

# Gegratineerde sinaasappel met karamel

Voor 2 personen
Bereidingstijd: 15 minuten

2 sinaasappels
40 gr suiker
2 eetl. water
3 eetl. sojaroom

Zet de grill aan.

Schil de sinaasappels, zorg dat het wit ook wordt verwijderd. Snijd de sinaasappels in plakken. Houd een paar eetlepels suiker apart. Verhit in een steelpannetje de rest van de suiker en het water. Roer niet, maar laat het lichtbruin kleuren. Haal de pan van het vuur, doe de room erbij en roer goed tot een gladde saus. Houd de saus apart.

Zet de sinaasappels in een ruime, lage schaal en bestrooi ze met de rest van de suiker. Zet de sinaasappels onder de voorverwarmde grill en laat de suiker in een paar minuten karameliseren, maar niet verbranden.

Serveren: verdeel de sinaasappel over de bordjes. Schenk de saus erover of ernaast.

# Basilicumsorbet of -granita

Voor zoetekauwen. En natuurlijk krijg je alleen sorbet met een echte ijsmachine. Handmatig wordt het een granita.

Voor 5-6 personen
bereidingstijd: 5 minuten + vriezen

200 ml water
200 gr suiker
2 bosjes basilicum (ongeveer 100 gr)
½ l droge witte wijn
sap van ½ limoen

Breng het water en de suiker in een steelpan aan de kook. Laat de suiker op zacht vuur smelten en zet het vuur uit. Pureer de basilicumblaadjes met de wijn in de blender of keukenmachine en voeg het mengsel toe aan de suikerstroop. Roer het limoensap erdoor. Stort de massa in een plastic afsluitbare doos en zet het in de vriezer. Roer het basilicum-mengsel iedere 30 minuten door met een vork tot het na 3 à 4 uur bevroren is. Serveer de sorbet in cocktailglazen.

# Zoete avocado-shake

Als je geen krachtige blender hebt, zorg dan dat alle ingrediënten ijskoud zijn. Het makkelijkst is de avocado en het blikje kokosmelk een uurtje van tevoren in de vriezer te leggen. Je kunt ook de shake als eerste maken en tot gebruik in de vriezer zetten.

Voor 6 kleine glaasjes of espressokopjes
Bereidingstijd: 5 minuten

2 avocado's
200 ml kokosmelk
100 ml agavesiroop (of suiker)
paar druppels citroensap

Doe alle ingrediënten in de blender of pureer ze met de staafmixer. Schenk de shake in de glaasjes of espressokopjes en zet ze in de vriezer. Serveer ze met een rietje als je ze al na 30 minuten wilt eten. Je kunt ze helemaal laten bevriezen in een paar uur, maar semifreddo (nog niet keihard) is misschien nog lekkerder.

Variatie: voeg 1 eetlepel cacaopoeder toe; de shake krijgt dan een donkere pistachekleur. Bestrooi elk toetje vervolgens met nog een beetje cacao.

# Tropische fruitsalade met kokoscrème

De zalak is de vrucht van een palmboom die groeit op Maleisië en is te koop in de toko. Maar je kunt hem ook vervangen door lychees.

Voor 6 personen
Bereidingstijd: 15 minuten

1 hele ananas
2 papaja's
1 mango
2 bananen
1 zalak of 4 lychees
het sap van 1 limoen
½ borrelglaasje rum
1 pakje dikke kokoscrème
2 eetl. bruine suiker

Snijd de ananas in de lengte doormidden, verwijder het harde hart en snijd het vruchtvlees in blokjes. Snijd de papaja's doormidden, verwijder de pitten en schep er met een boter/meloenbolletjeslepel balletjes uit.

Schil de rest van de vruchten en snijd ze in stukjes. Meng de vruchten (ook de blokjes ananas) en vul hiermee de 2 halve ananassen en de 4 uitgeholde helften van de papaja. Sprenkel het limoensap en de rum erover en schep een lik kokoscrème erop. Bestrooi de kokoscrème met bruine suiker. Serveer direct of dek de gevulde vruchten af met plastic folie en zet ze tot serveren in de koelkast.

Serveertip: zet de vruchten op een met grote bananenbladeren (toko) beklede bamboemat. Vul twee schaaltjes met de rest van de kokoscrème en zet die tussen de vruchten.

Serveertip voor koudere dagen: Schuif de fruitsalade een paar minuten onder een hete grill. De bruine suiker smelt dan lekker in de kokoscrème.

# Mango roomijs met een twist van munt

Voor 2-3 personen
Bereidingstijd: 10 minuten bereiden + invriezen

1 mango
1 eetl. maïzena
200 ml kokosmelk
1 topje munt
90 ml (8 eetl.) agavesiroop

Schil de mango's, verwijder de pit uit de mango en snijd de overgebleven mango in stukjes. Doe de maïzena bij de kokosmelk en haal de klontjes eruit. Doe nu ook de munt bij de kokosmelk. Kook de kokosmelk 1 minuut, en zet hem daarna een halve minuut in de vriezer om af te koelen. Doe nu de agavesiroop bij de mango en giet de kokosmelk erbij. Roer alles goed door elkaar en giet het daarna in bijvoorbeeld een siliconen vorm voor muffins. Zet het in de vriezer totdat het echte ijsjes zijn!

# Groenten- en fruitkalender

Witte asperges moeten piepen als je ze tegen elkaar wrijft en Lambada aardbeien zijn er al in april. Een goede groenteman weet dat. Dus die rode waterbommen in december? Nee, dank je. Alles is zó makkelijk het hele jaar door verkrijgbaar dat bijna niemand meer weet wat de beste tijd voor frambozen is, of dat je rabarber al in maart van de koude grond haalt. En als je logisch denkt is het eigenlijk heel makkelijk: denk maar 'véld'sla, 'zomer'koninkjes, 'tuin'bonen. Dan kom je al een heel eind. En omdat wij het ook niet altijd weten hebben we een handig lijstje van Velt, dé vraag- en antwoordbaak voor ecologisch leven en tuinieren.

## JANUARI

Aardappel, champigons, knolselderij, pastinaak, pompoen, prei, raap, rammenas, rode biet, rode kool, savooikool, schorseneren, spruiten, ui, veldsla, witlof, witte kool, wortel
Fruit: appel, banaan, mandarijn, mango, peer, pompelmoes, sinaasappel

## FEBRUARI

Artisjok, bleekselderij, boerenkool, champignon, groene kool, knolselderij, koolraap, paksoi, prei, rode biet, rode kool, savooikool, schorseneren, spruiten, taugé, ui, veldsla, venkel, winterwortel, witlof, witte kool, wortel, zuurkool
Fruit: appel, banaan, mandarijn, mango, peer, pompelmoes, sinaasappel

## MAART

Andijvie, artisjok, champignon, koolraap, koolrabi, kropsla, oesterzwammen, paksoi, paprika, prei, raapstelen, radijs, rode biet, rode kool, spinazie, taugé, ui, veldsla, venkel, witlof, witte kool, wortel, zuurkool
Fruit: appel, mango, pompelmoes, rabarber, sinaasappel

## APRIL

Andijvie, asperge, aubergine, bloemkool, champignon, Chinese kool, komkommer, koolrabi, kropsla, paksoi, paprika, peulen, postelein, raapstelen, rabarber, radijs, rammenas, spinazie, spitskool, taugé, tomaten, ijsbergsla
Fruit: mango, pompelmoes, rabarber, sinaasappel

## MEI

Andijvie, artisjok, asperge, aubergine, bloemkool, champignon, Chinese kool, komkommer, koolrabi, kropsla, paksoi, paprika, peulen, postelein, raapstelen, rabarber, radijs, spinazie, spitskool, taugé, tomaat, venkel, witlof, ijsbergsla
Fruit: aardbei, pompelmoes, rabarber, sinaasappel

## JUNI

Andijvie, artisjok, asperge, aubergine, bloemkool, Chinese kool, courgette, doperwten, komkommer, koolrabi, maïs, paksoi, paprika, peulen, postelein, radijs, snijbonen, sperziebonen, spinazie, spitskool, taugé, tomaat, ui, venkel, ijsbergsla
Fruit: aardbei, rabarber, abrikoos, framboos, kers, nectarine, perzik, rode bes, zwarte bes, sinaasappel

## JULI

Andijvie, artisjok, aubergine, bloemkool, Chinese kool, courgette, doperwten, komkommer, koolrabi, maïs, paksoi, paprika, peulen, postelein, radijs, snijbonen, sperziebonen, spinazie, spitskool, taugé, tomaat, ui, venkel, ijsbergsla

Fruit: aardbei, rabarber, abrikoos, appel, braam, framboos, kers, mango, nectarine, perzik, rode bes, zwarte bes

## AUGUSTUS

Andijvie, aubergine, bleekselderij, bloemkool, broccoli, champignon, Chinese kool, courgette, groene kool, komkommer, kropsla, lollo rosso, paksoi, paprika, pompoen, postelein, rammenas, savooikool, snijbonen, sperziebonen, spitskool, taugé, tomaat, veldsla, venkel, ijsbergsla

Fruit: aardbei, abrikoos, appel, braam, druif, framboos, kers, mango, meloen, nectarine, peer, perzik, pruim, zwarte bes

## SEPTEMBER

Andijvie, aubergine, bleekselderij, bloemkool, broccoli, champignon, Chinese kool, courgette, groene kool, knolselderij, komkommer, koolraap, paksoi, paprika, pompoen, postelein, prei, rammenas, rode biet, rode kool, savooikool, snijbonen, sperziebonen, spinazie, spitskool, suikermaïs, taugé, tomaat, ui, veldsla, venkel, ijsbergsla

Fruit: appel, banaan, braam, druif, framboos, kiwi, mango, meloen, nectarine, peer, perzik, pompelmoes, pruim

## OKTOBER

Andijvie, artisjok, aubergine, bleekselderij, bloemkool, boerenkool, broccoli, champignon, Chinese kool, knolselderij, komkommer, koolraap, maïs, paksoi, paprika, pompoen, prei, rode biet, rode kool, savooikool, schorseneren, snijbonen, sperziebonen, spruiten, taugé, ui, veldsla, venkel, winterwortel, witlof, witte kool, wortel, zuurkool

Fruit: appel, banaan, braam, druif, framboos, kiwi, mandarijn, mango, meloen, pompelmoes, peer, sinaasappel

## NOVEMBER

Artisjok, aubergine, bleekselderij, boerenkool, champignon, Chinese kool, courgette, groene kool, komkommer, knolselderij, koolraap, paksoi, pompoen, prei, rode biet, rode kool, savooikool, schorseneren, spruiten, taugé, ui, veldsla, winterwortel, witlof, witte kool, wortel, zuurkool

Fruit: appel, banaan, druif, kiwi, mandarijn, mango, peer, pompelmoes, sinaasappel

## DECEMBER

Artisjok, bleekselderij, boerenkool, champignon, groene kool, knolselderij, koolraap, paksoi, pompoen, prei, rode biet, rode kool, savooikool, schorseneren, spruiten, taugé, ui, winterwortel, witlof, witte kool, wortel

Fruit: appel, bananen, kiwi, mandarijn, mango, peer, pompelmoes, sinaasappel

# DANKWOORD

Dit boek zou er nooit geweest zijn zonder jullie. Eten is liefde, eten verbindt ons. Dank Antoinette, voor je tomatensoep, je vertrouwen in deVegetariër en het avontuur van dit boek. Niko Koffeman, voor je megasalade, geestdrift, je ongebreidelde initiatieven en inspiratie. Dank voor alle bloggers van deVegetariër, in het bijzonder Sarriel Taus, Marion Pluimes en Loethe Olthuis. Annemarie Bokma-Nissen, voor de witte saus waarmee alles begon, de Indiase chapaties, je rijstekoekjes en pompoentaart. Wouter Bokma, voor je prutjes, je zuurzak en roze vruchtjes uit Colombia, het Franse kookboek op m'n 15e (bij les 4: pluk 1 eend was ik wel klaar). Ilona Bokma, voor je soesjes en de ontelbare gulle eetgebaren. Charles Hale, voor je Engelse *mintsauce* en je vormgeef-adviezen voor dit boek (ooit maken we er nog een samen). Miloushka Bokma, voor je dadeltaart en sushi. Ro Hagers, voor de Griekse stoof, Moro en al onze eindeloze gesprekken over lekker vegetarisch eten. Anna Barbara Bokma-Boesaart, mijn grootmoeder die 99 jaar werd; voor mijn eerste kookboek, de marsepein, cannelloni en elke verjaardag de tulband. Elisabeth Nissen-Guelen Bomma voor je hemelse modder; ik mis je nog iedere dag. Henny van Westerloo, voor de 'gevluchte koningskinderen' bordjes met Remko, de cheesecake en fruitsalade met mega dikke blauwe bessen. Fons van Westerloo, voor de bitterballengevechten in Hotel van der Werff, de patat vlak voor het kerstdiner (schande!), de smaken van Chinatown New York en natuurlijk voor het feit dat ik door jou journalist ben geworden. Voor Mattie, Maria en Rosa-Mari Nissen, die me de echte Spaanse keuken lieten proeven. Joris Serné, voor de basis van alle soepen uit dit boek uit de gietijzeren pot van Marie-Thérese. Voor de eindeloze verkleedpartijen met Arends toneelkostuums, om daarna als Bacchus te eten onder het engelenplafond. Jetje Emden, voor de Joods-Portugese keuken en je gevulde speculaas. Rients Huitema en Mieke Compier. Paulus Emden Huitema, van sterrenkeukens tot boterhammen met pindakaas, met jou heb ik voor wel acht levens geproefd en meegemaakt. Ellen Honig: life is a piece of cake ;-) Jacqueline Bohlmeijer en Bastiaan Determann; voor alle spontane etentjes, de vakanties met de Vrije Club, de bourgondische maaltijden. Marianne de Raad, voor je pompoenpitolie uit Oostenrijk. Voor je humor, wijze raad en steun, samen met Jacq, op onze wekelijkse koffiemeeting, liefst met carrotcake. Wies Willemse en Joop van Wijk, voor de asperge-diners, de 3-daagse soep van Joop, Wies' Egyptische

nomadenkeuken. Willeke Bogerman, voor je taarten vooral de passievruchten en voor Jon-Patrick Terleth, die lekker eten en grote lol als geen ander weet samen te smeden. Linda van Domselaar en Bert Heeling: eten bij jullie is een gevoel van altijd welkom zijn, van zon, Toscane, Bert achter de kolen, jouw koolsalade en citroen-meringuetaart. Isabel van Boetzelaer en Brandy Brandenberg; voor de Bossche bollen bij iedere bevalling en je truffelchocoladetaart. Nathalie du Bruin en Jimmy van den Berg, met jullie kun je het leven vieren; of er nu 4 of 40 man zijn. Nathalie Ladan en Jill Gerrissen, voor mijn jeugd met jullie op Curacao, de kokosmelk door de soep in Zweden, de keukens van Mozambique en Bolivia. Mascha van der Kroon en Gjoni; je kiemtips en muntthee. Lisouk en Frits Thörig-van de Pol, voor de Italiaans-Indonesische etentjes op de tuin. Isolde Zandee en Herman Lankwarden. Souk en Sok; voor 37 jaar culinaire en onvoorwaardelijke vriendschap. Riet Heukels en Els Brandjes, die het hart voor de Hollandse keuken warm houden, met groentesoep, pannenkoeken en bowl.

Robert Heukels, mijn lieve lief, voor je prachtige risotto's, de smaken van Sicilië en de vele andere culinaire reizen, voor de liefde, het zuivere, het goede leven. En voor Julius, Meijra, Bloeme en Floris. Het is een feest jullie moeder te zijn.

*Jacinta*

# Register

# Lees ook van Karakter uitgevers

'Dit boek is een echte vegetariërsbijbel en het vertalen was een goed idee. Niemand kan nu nog zeggen dat vegetarisch eten saai is.'
Johannes van Dam in Het Parool

'Antoinette Hertsenberg maakt de beloftes "verrukkelijk" en "in een handomdraai" waar.' De Standaard

'Spaanse pizza, boffers en pindasoep! En dat is nog maar een kleine greep uit dit dikke kookboek vol lekkere én gezonde recepten voor kinderen van 0 tot 15 jaar.' Happinez

**De dikke vegetariër**
ISBN 978 90 6112 947 9

**De dunne vegetariër**
ISBN 978 90 6112 957 8

**De kleine vegetariër**
ISBN 978 90 6112 809 0